いちばんよくわかる！
基本のおかず

料理の基本が身につくと

おいしい！

たのしい！

Gakken

contents

いちばんよくわかる 基本のおかず

Part 1 はじめて作る人気料理

- ハンバーグ …… 8
- 肉じゃが …… 10
- から揚げ …… 12
- ぶりの照り焼き …… 14
- 焼きぎょうざ …… 16
- えびのチリソース …… 18
- ポテトサラダ …… 20
- 野菜のかき揚げ …… 22
- さばのみそ煮 …… 24
- ●焼きさばのみそ煮 …… 25
- オムライス …… 26
- ●卵をかけるだけのオムライス …… 27

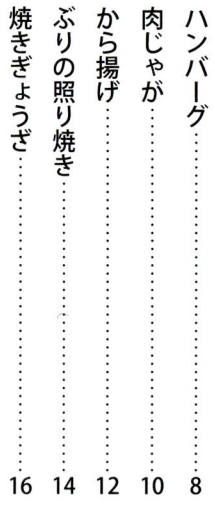

- ごはんの炊き方 …… 28
- ●米の洗い方
- ●炊飯器での炊き方
- ●土鍋での炊き方
- おにぎりの作り方 …… 30
- ●俵型、丸型、三角型
- 焼きおにぎり、白ごま、塩ざけ＋高菜漬け …… 31
- だしの取り方 …… 32
- ●昆布かつおだし
- ●煮干しだし
- ●万能だし
- 手羽先のグリル焼き …… 33
- みそ汁＆スープ …… 34
- あさりのみそ汁 …… 34
- 大根と油揚げのみそ汁 …… 34
- 豆腐とわかめのみそ汁 …… 35
- 豚汁 …… 35
- コーンスープ …… 36
- ミネストローネ …… 36
- クラムチャウダー …… 37
- オニオングラタンスープ …… 37
- 白菜と豚肉の中華スープ …… 38
- サンラータン …… 38

Part 2 和風のおかず

- きんぴらごぼう …… 40
- ●ピーマンのきんぴら …… 41
- 筑前煮 …… 42
- いわしの梅煮 …… 44
- ●あじの煮つけ …… 45
- あじの塩焼き …… 46
- ●さんまの塩焼き …… 47
- さばの塩焼き …… 48
- ●豚肉の竜田揚げ …… 49
- ぶり大根 …… 50
- ●ぶりかぶ …… 51
- かれいの煮つけ …… 52
- ●たらの煮つけ …… 53
- かぼちゃのそぼろ煮 …… 54
- ●かぼちゃの煮もの …… 55
- 里いもの煮ころがし …… 56
- ●新じゃがの煮ころがし …… 57
- あさりの酒蒸し …… 58
- 豚肉のしょうが焼き …… 60

- 鶏肉の鍋照り焼き …… 62
- 豚の角煮 …… 64
- 肉豆腐 …… 66
- ●かつ丼 …… 68
- とんかつ …… 69
- ●天丼 …… 70
- 天ぷら …… 71
- 茶碗蒸し …… 72
- 厚焼き卵 …… 74
- ●だし巻き卵 …… 75
- 揚げだし豆腐 …… 76
- ひじきの煮もの …… 77
- ほうれん草のおひたし …… 78
- いんげんのごまあえ …… 79
- 小松菜と油揚げの煮びたし …… 80
- ●なすの揚げびたし …… 81
- きゅうりとわかめの酢のもの …… 82
- 大根とにんじんの甘酢 …… 83
- ●オクラともずくの酢 …… 83
- ●きゅうりの浅漬け …… 84
- 大根のしょうゆ漬け …… 84
- かぶの浅漬け …… 84

Part 3 洋風のおかず

- ●ロールキャベツ……86
- ●キャベツのマリネ
- さけのバター焼き……88
- ポテトコロッケ……90
- えびフライ……92
- チキンカレー……94
- チキンソテー……96
- グリーンサラダ……98
- ドレッシング
- ●サウザンアイランド……99
- ●玉ねぎドレッシング
- ●和風ドレッシング
- ビーフステーキ……100
- ラタトゥイユ……101
- 白身魚のカルパッチョ……102
- まぐろのカルパッチョ……103
- マカロニグラタン……104
- オムレツ……106
- スクランブルエッグ……108
- ゆで卵……109
- ●温泉卵……109
- 目玉焼き……110

Part 4 中華風・韓国風のおかず

- 麻婆豆腐……112
- 春巻き……114
- 野菜炒め……116
- シュウマイ……118
- バンバンジー……120
- ●かき玉汁……121
- ホイコーロー……122
- チンジャオロースー……124
- 酢豚……126
- 揚げだんごの甘辛煮……127
- 韓国風豚キムチ……128
- プルコギ……129
- ナムル3種……130
- ●ほうれん草のナムル
- ●豆もやしのナムル
- ●にんじんのナムル

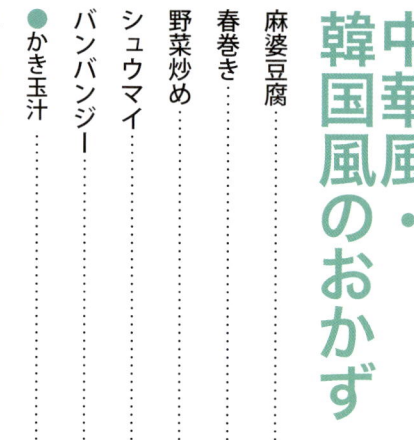

4

Part 5 ごはん・めん・パン・鍋

五目炊き込みごはん	132
焼きそば	134
ちらしずし	136
チャーハン	138
牛丼	140
親子丼	141
三色そぼろ丼	142
赤飯	144
おかゆ	145
スパゲッティミートソース	146
カルボナーラ	148
ボンゴレ	149
スパゲッティナポリタン	150
ぶっかけそば	152
きつねうどん	153
サンドウィッチ	154
ガーリックトースト	156
フレンチトースト	157
すき焼き	158
水炊き鍋	160
キムチ鍋	161
おでん	162

Part 6 料理の基礎知識

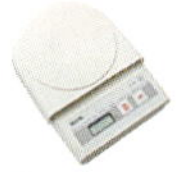

基本の道具	164
基本の調味料	166
調味料のはかり方	168
包丁の使い方	170
●部位の名前・使い方	170
基本の切り方	172
野菜の下ごしらえ	174
肉の下ごしらえ	179
魚介の下ごしらえ	180
卵・豆腐・乾物などの下ごしらえ	184
火加減と水加減	186
基本の調理法	187
●炒める	187
●焼く	188
●ゆでる	189
●煮る	190
●揚げる	191
●蒸す	192
●あえる	193
基本の料理用語	194
電子レンジの使い方	200
食材の保存・冷凍方法	202
この本の使い方	6
さくいん	206

この本の使い方

この本では、毎日の食卓に並べたい定番のレシピばかりを集めて掲載しています。
初めて料理に挑戦する方、もっと料理上手になりたい！という方が
誰でもかんたんに作れるような工夫を施しているので、ぜひ初めの1冊として活用してみて下さい。

調理項目
「下ごしらえ」から「仕上げ」までの手順を、項目立てて紹介しています。「炒める」「煮る」「焼く」などの手順がひと目でわかります。

味つけアイコン
調味料の種類、分量、タイミングがひと目でわかるアイコンをレシピ中に表記しています。

プラスワン！レシピ
右ページのメイン料理をもとに、「味つけや作り方をアレンジ」「素材をチェンジ」したレシピを紹介しています。その他にも、調理のコツやおいしく作るポイントも。

火加減マーク
弱火 ●
中火 ●●
強火 ●●●

火加減をアイコンでわかりやすく表示しています。火加減の基本は「中火」です。その他、弱火、強火の3段階であらわしています。

カロリー、塩分
全レシピに表示

1人分のあたりの熱量
とくにことわりのない場合、1人分のカロリーを表記。
※2〜3人分など人数に幅のある場合は、多い方の人数で1人あたりのカロリーを計算しています。

1人分あたりの塩分
とくにことわりのない場合、1人分の塩分を表記しています。
※2〜3人分など人数に幅のある場合は、多い方の人数で1人あたりの塩分を計算しています。

そのほか、この本の表記について

- 計量カップは1カップ＝200ml、計量スプーンは大さじ1＝15ml、小さじ1＝5mlです。
- 砂糖は上白糖、塩は自然塩です。精製塩を使用する場合は、量を加減してください。しょうゆは濃口しょうゆ、みそは好みのみそのことです。商品によって塩分が違うので、量を加減してください。小麦粉は薄力粉です。
- レシピの「だし」は、昆布と削り節でとった和風だしのことです。
- レシピの材料の野菜や果ものの皮は水でよく洗い、下処理をしてから調理してください。
- ポン酢しょうゆなどは、市販のものを使用しています。
- 電子レンジの加熱時間はそれぞれの料理に表記してあります。表記されているW数と、ご使用のW数が違う場合は、右表を参照して下さい。※右表は10秒未満は四捨五入して換算。

500W	600W	700W
1分10秒	1分	50秒
1分50秒	1分30秒	1分15秒
2分20秒	2分	1分40秒
3分30秒	3分	2分30秒

Part 1

まず最初に作ってみたい
はじめて作る人気料理

はじめて料理をする方に、ぜひ作って欲しいレシピを集めました。
誰もが喜ぶ定番のおかずを、細かなプロセスでわかりやすく紹介しています。
レシピ通りに作って、料理のワザを身につけましょう。

ハンバーグ

....
人気のおかずはしっかりマスターして作ってあげたい

カロリー 347kcal　塩分 2.3g

つなぎの卵は加えずに
ふっくら仕上げます

材料＊2人分

合いびき肉	200g
玉ねぎ	⅓個（70g）
パン粉、牛乳	各カップ½
塩	小さじ⅓
こしょう	少量
にんじん	⅓本（50g）
さやいんげん	4〜5本（50g）
サラダ油	大さじ½
ソース	
トマトケチャップ	大さじ2
ウスターソース	大さじ1

肉だねを作る

❶ 玉ねぎはみじん切りにする。

❷ ボウルにひき肉、玉ねぎ、パン粉、牛乳、塩、こしょうを入れ、全体をよく混ぜ合わせる。

塩	小さじ⅓
こしょう	少量

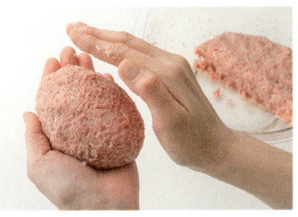

❸ 2等分にして小判形に丸め、片方の手に叩きつけるようにして空気を抜きながら（中央を平らにしながら）ハンバーグ形にする。

つけ合わせを作る

❹ にんじんは4cm長さに切って皮をむき、放射状に縦6等分に切る。いんげんはヘタを取り、4cm長さに切る。鍋にたっぷりの水、にんじんを入れ、塩少量（分量外）を加えてふたをし、6分ほどゆでる。さらにいんげんを加えてふたをし、3分ほどゆで、湯を捨ててふたをし、冷めないようにしておく。

焼く

❺ フライパンにサラダ油を弱めの中火で熱し、③のハンバーグを入れる。ふたをずらし、3分ほど焼く。

弱めの中火 ●●

❻ きれいな焼き色がついたら返し、再びふたをして弱火にして6〜7分焼く。途中、焦げないように火加減を調節しながら焼き上げる。竹串を刺して透明な肉汁が出てきたら焼き上がりの目安。

弱火 ●

仕上げる

❼ 器に盛り、混ぜ合わせたソースをかけて④のにんじん、いんげんを添える。

トマトケチャップ	大さじ2
ウスターソース	大さじ1

肉じゃが

懐かしい母の味を今度は自分の家庭の味に

カロリー 460kcal　塩分 3.4g

炒めてから煮ることで
コクとうまみを出します

材料＊2人分

牛こま切れ肉	150g
じゃがいも	2個（300g）
にんじん	1本（150g）
玉ねぎ	1個（200g）
絹さや	40g
サラダ油	大さじ1

煮汁
- 水……カップ1
- 酒、みりん、しょうゆ……各大さじ2½
- 砂糖……大さじ1

下ごしらえ

❶ 牛肉は大きいものは一口大に切る。じゃがいもは皮をむき、一口大に切る。にんじんは皮をむいて乱切りに、玉ねぎは2cm幅のくし形切りにする。絹さやはヘタと筋を取る。

炒める

中火

❷ 鍋にサラダ油を中火で熱し、にんじん、じゃがいもを入れて炒める。全体に油が回ったら玉ねぎを加えてひと混ぜし、牛肉を加えて炒める。

煮る

中火

❸ 牛肉の色が八分通り変わったら、煮汁の水を加える。

水	カップ1

中火

❹ 煮立ったら、あればアクを取って残りの煮汁の材料を加える。

酒	大さじ2½
みりん	大さじ2½
しょうゆ	大さじ2½
砂糖	大さじ1

弱めの中火

❺ 落としぶたをして弱めの中火で15〜20分煮る。

弱めの中火

❻ 煮汁が⅓量になり、じゃがいもがやわらかくなったら絹さやを加えて落としぶたをし、さらに2〜3分煮て絹さやに火を通す。

から揚げ

おかずはもちろん、冷めてもおいしいお弁当にも

カロリー 652kcal　塩分 2.2g

下味をよくもみ込んで
しっかり味をつけるのがコツ

材料 ＊ 2人分
鶏もも肉……………………小2枚（400g）
A ┌ しょうがの絞り汁…………小さじ1
└ 酒、しょうゆ…………各大さじ1½
卵……………………………………小1個
片栗粉………………………………大さじ6
揚げ油…………………………………適量
レモン（くし形切り）……………¼個分
パセリ…………………………………適量

下ごしらえ

❶ 鶏肉は余分な脂を取り除き、一口大に切る。

❷ 鶏肉をポリ袋に入れ、Aを加えて手でもむようにして混ぜ、20分ほどおいて下味をつける。

しょうがの絞り汁	小さじ1
酒	大さじ1½
しょうゆ	大さじ1½

❸ 溶きほぐした卵、片栗粉を加えて袋の上から手でもみ、からめる。

片栗粉	大さじ6

揚げる

揚げ油 170℃

❹ フライパンに揚げ油を2cm深さ程度入れ、170℃に熱する。③をひとつずつくっつかないように入れる。

❺ まわりがかたまってきたら静かに返し、パチパチと音がして表面がカラリとするまで7〜8分揚げる。取り出して油をきる。

揚げ油 170℃

仕上げる

❻ 器に盛りつけ、等分にくし形に切ったレモン、パセリを添える。

ぶりの照り焼き

こってりとした味つけで、ごはんがどんどんすすみます

カロリー **336**kcal　塩分 **2.1**g

煮汁をスプーンでかけ、
たれをからめて照りを出します

Part 1 はじめて作る人気料理

ぶりの照り焼き

材料 ＊ 2人分

- ぶり（背）……………… 2切れ（200g）
- A ┌ 酒、みりん、しょうゆ
  │ ……………………各大さじ1½
  └ 砂糖………………………大さじ½
- 小松菜………………………½束（100g）
- サラダ油……………………………小さじ1

下ごしらえ

❶ ぶりはAを混ぜ合わせた漬け汁に20分ほどおく。途中一度返す。

酒	大さじ1½
みりん	大さじ1½
しょうゆ	大さじ1½
砂糖	大さじ½

❷ 小松菜は根元の先端を切り落とし、根元に縦に十文字の切り込みを入れて水できれいに洗い、5cm長さに切る。

焼く

❸ フライパンにサラダ油を中火で熱し、ぶりを器に盛ったときに表になるほうを下にして入れ、弱めの中火で2分ほど焼く。

中火 ●● → ●● 弱めの中火

❹ きれいな焼き色がついたら裏返し、さらに2分ほど焼く。

弱めの中火 ●●

❺ ①の漬け汁を加え、煮汁をスプーンでぶりにかける。たれをからませ、器に盛る。

弱めの中火 ●●

❻ 残った煮汁に小松菜を加え、しんなりするまで炒め合わせ、⑤に添える。残った煮汁をとろりとするまで煮つめてぶりの上からかける。

弱めの中火 ●●

調理のポイント

漬け込みは保存袋でもOK

①でぶりをジッパーつき保存袋に入れ、Aに漬けると袋ごと返す手間がなく、均等に漬かります。必ず空気を抜いてから口を閉じましょう。

焼きぎょうざ

ビールにもごはんにも合うおかずで「今日もお疲れさま」

カロリー 460kcal　塩分 3.9g

仕上げに油を加えて
パリッとした焼き上がりに

材料 ＊2人分

ぎょうざの皮	24枚
豚ひき肉	150g
キャベツ	2～3枚 (200g)
塩	小さじ1
にら	½束 (50g)
にんにく、しょうが	各½かけ
こしょう	少量
ごま油	小さじ1
サラダ油	大さじ1
しょうゆ、酢、ラー油（好みで）	各適量

下ごしらえ

1 キャベツはみじん切りにし、ボウルに入れ、塩小さじ½をふってしばらくおき、しんなりさせる。

塩	小さじ½

2 にらは小口切りにし、にんにく、しょうがはすりおろして①に加え、混ぜ合わせる。

3 別のボウルにひき肉、塩小さじ½、こしょう、ごま油を入れ、粘りが出るまでよく混ぜる。

塩	小さじ½
こしょう	少量
ごま油	小さじ1

4 ②を軽く絞って③に加える。よく混ぜ合わせ、ざっくりと8等分に分ける。

5 皮の中央に8等分したうちの⅓量（大さじ1が目安量）をのせ、まわりに水をつけてひだを寄せるようにして包む。

1人分ずつ焼く

6 フライパンにサラダ油小さじ½を中火で熱し、⑤のぎょうざ12個をくっつかないよう、離して並べ入れる。

中火 ●●

7 すぐにぎょうざの高さの半分程度まで湯を注ぎ、ふたをして5～6分蒸し焼きにする。

中火 ●●

8 水分がなくなり、皮が透き通ってきたらふたをとり、強火にして残った水分をとばす。最後にサラダ油小さじ1を回しかけて焼き目をつける。残りも同様に焼き、器に盛る。

強火 ●●●

えびのチリソース

ちょっとぜいたくに、ピリッと辛い大人の味を

えびは火を通し過ぎずに
ぷりっぷりでいただきます

カロリー 225kcal
塩分 2.5g

えびのチリソース

材料 ＊2人分

むきえび	200g
酒	小さじ1
塩	少量
片栗粉	小さじ2
ねぎ	1/5本（20g）
しょうが	1かけ
にんにく	1/2かけ
サラダ油	大さじ1 1/2

	豆板醤	小さじ1/2
A	トマトケチャップ	大さじ3
	しょうゆ	大さじ1/2
	酒	大さじ1
	水	カップ1/2
	片栗粉、砂糖	各小さじ1
	こしょう	少量

下ごしらえ

1 えびは背ワタがあれば取る。片栗粉少量（分量外）をまぶしてもみ、水できれいに洗い落とし、ペーパータオルで水けをふき取る。

2 えびに、酒、塩をまぶす。

酒	小さじ1
塩	少量

3 ねぎはみじん切りに、しょうが、にんにくもそれぞれみじん切りにする。

4 ボウルにAを入れ、混ぜ合わせる。

トマトケチャップ	大さじ3
しょうゆ	大さじ1/2
酒	大さじ1
水	カップ1/2
片栗粉	小さじ1
砂糖	小さじ1
こしょう	少量

炒める

中火 ●●

5 フライパンにサラダ油大さじ1/2を中火で熱し、えびに片栗粉小さじ2をまぶして入れ、炒める。八分通り色が変わったらいったん取り出す。

片栗粉	小さじ2

弱めの中火 ●●

6 フライパンの汚れをペーパータオルでふきとり、サラダ油大さじ1を足し、しょうが、にんにくを入れて弱めの中火で炒める。香りが出たら豆板醤を加え、炒める。

豆板醤	小さじ1/2

強めの中火 ●●

7 豆板醤の香りが出たら④を再度混ぜ合わせてから加え、強めの中火で煮立てる。

中火 ●●

8 再び煮立って軽くとろみがついたら中火にし、⑤のえびを戻し入れる。ねぎを加えて混ぜ合わせ、ひと煮してからませる。

ポテトサラダ

やさしい味つけのポテトで気分もほっこり

いもを粉ふきにして水けをとばせば
口当たりのよいサラダになります

カロリー 408kcal　塩分 1.8g

材料＊2人分

じゃがいも	2個（300g）
にんじん	1/5本（30g）
玉ねぎ	1/4個（50g）
きゅうり	1/2本（50g）
ハム	2枚（30g）
塩、こしょう	各少量
レモン汁	適量
マヨネーズ	大さじ4
バケット（好みで）	好みの厚さ3枚

下ごしらえ

❶ じゃがいもは皮をむき、3cm大に切る。にんじんは皮をむいて3mm厚さのいちょう切りにする。

中火

❷ 鍋にたっぷりの水、じゃがいも、にんじんを入れてふたをして中火にかける。煮立ったらふたをずらし、竹串がスーッと通るまで5分ほどゆでる。

❸ 玉ねぎは縦薄切りにして冷水に1〜2分さらし、2〜3回もんで水けをしっかり絞る。きゅうりは2mm厚さの小口切りにし、塩水（水カップ1/2につき、塩小さじ1/2）に15分ほどさらして水けを絞る。ハムは1.5cm角に切る。

中火

❹ ②のゆで汁を捨て、中火にかけながら鍋をゆすって水分をとばし、粉ふきにする。

❺ ボウルに入れ、じゃがいもが大きければ好みの大きさにフォークでつぶし、レモン汁小さじ1、塩、こしょう各少量をふってゴムべらでざっと混ぜ、あら熱をとる。

レモン汁	小さじ1
塩	少量
こしょう	少量

あえる

❻ ③の玉ねぎ、きゅうり、ハムを加えてマヨネーズであえる。味をみて、レモン汁、塩、こしょう各少量で調味する。

マヨネーズ	大さじ4
レモン汁	少量
塩	少量
こしょう	少量

仕上げる

❼ 器に盛り、好みで焼いたバケットを添える。

野菜のかき揚げ

味つけは粗塩のみで素材の味を楽しんで

カロリー **339**kcal　塩分 **0.5**g

油の温度を少し低めにすると
散らばらず、上手な仕上がりに

野菜のかき揚げ

材料＊2人分

ごぼう	¼本（50g）
にんじん	⅕本（30g）
玉ねぎ	⅕個（40g）
衣	
小麦粉	カップ½強
水	カップ½
揚げ油	適量
粗塩	少量

下ごしらえ

❶ ごぼうはたわしできれいに洗う。縦に4〜6等分に切り込みを入れて回しながら薄く削るようにしてささがきにする。水にさらして5分ほどおき、ざるにあげてからペーパータオルで水けをよくふきとる。

❷ にんじんは4〜5cm長さに切り、皮をむいて縦細切りにする。玉ねぎは縦5mm幅の薄切りにする。

衣をあえる

❸ ボウルに衣の小麦粉、水を入れ、混ぜ合わせる。

❹ ごぼう、にんじん、玉ねぎを加えてざっと混ぜ合わせる。

揚げる

揚げ油 170℃

❺ フライパンに揚げ油を2cm深さまで入れ、170℃に熱する。④をスプーンで一口大にまとめて静かに落とし入れる。

揚げ油 170℃

❻ 薄く色づいたら返し、2〜3分香ばしく揚げて油をきる。残りも同様に落とし入れ、2〜3分揚げる。器に盛り、粗塩を添える。

粗塩	少量

さばのみそ煮

難しそうな魚の煮ものもコツさえ覚えればかんたん

カロリー **307**kcal　塩分 **3.3**g

薄味で煮てからみそを加え、
みその香りを生かします

材料＊2人分

さば（二枚おろしの片身）……1枚（200g）
しょうが（薄切り）……………1かけ分

煮汁
- 酒、みりん……………各大さじ2
- 水………………………カップ½
- しょうゆ………………大さじ½
- 砂糖……………………大さじ1
- みそ……………………大さじ2

下ごしらえ

1 さばはペーパータオルで水けをふきとり、半分に切って皮に十文字の切り込みを入れる。

2 フライパンに煮汁の酒、みりんを入れて中火で煮立て、アルコール分をとばす。煮汁の水、しょうゆ、砂糖を加え、しょうがを散らし入れる。煮立ったらさばを皮を上にして重ならないように並べ入れる。

酒	大さじ2
みりん	大さじ2
水	カップ½
しょうゆ	大さじ½
砂糖	大さじ1

煮る

中火

3 再び煮立ったら、煮汁をスプーンでさばにかけながらひと煮し、落としぶたをして3～4分煮る。

中火

4 小ボウルに煮汁のみそを入れ、煮汁少量で溶きのばしてから加える。

みそ	大さじ2

中火

5 煮汁をスプーンでかけながら、とろりとしてくるまで2～3分煮る。

作り方を変えてアレンジ

焼きさばのみそ煮
焼いてから煮ることで風味よく

●カロリー 308kcal
●塩分 2.6g

材料＊2人分
- さば（三枚おろし）……1枚（200g）
- 塩………………………少量
- ねぎ……………………1本

煮汁
- 酒、みりん…各大さじ2
- 水………………カップ¼
- みそ……………大さじ1½
- ゆずのせん切り………適量

作り方

1 さばは4等分に切り、塩をふる。ねぎは4～5cm長さに切る。

2 さば、ねぎをグリルで両面色よく焼く。ねぎは焦げそうなら途中で順次取り出す。

3 フライパンに混ぜ合わせた煮汁を入れ、中火で煮立てる。アルコール分がとんだら②のさばを加え、煮汁をスプーンでかけながらとろりとするまで2～3分煮る。ねぎを加えてさっと煮からめる。

4 器に盛り、ゆずをのせる。

オムライス

洋食屋さんの味も家庭で再現できます

カロリー 773kcal　塩分 3.7g

材料＊2人分
- 卵……………………4個
- 鶏もも肉…………小½枚（100g）
- 玉ねぎ……………¼個（50g）
- ピーマン……………1個（40g）
- サラダ油……………大さじ2
- 温かいごはん………300g
- トマトケチャップ……大さじ3
- 塩……………………小さじ½
- こしょう……………少量
- A　塩、こしょう………各少量
- バター………………大さじ1
- トマトケチャップ（盛りつけ用）
  ………………………適量

フライパンを上下させて
火加減を調節しましょう

Part 1 はじめて作る人気料理
オムライス・卵をかけるだけのオムライス

下ごしらえ

❶ 鶏肉は1cm角に切る。玉ねぎは1cm角、ピーマンはヘタと種を取り、1cm角に切る。

チキンライスを作る

中火

❷ フライパンにサラダ油大さじ1を中火で熱し、玉ねぎ、ピーマンを入れて炒める。玉ねぎが透き通ってきたら鶏肉を加えて炒める。

中火

❸ 鶏肉の色が変わったらごはんを加え、木べらでほぐすようにしてふっくら炒め合わせ、トマトケチャップ、塩、こしょうを加える。全体に味が回るようにさっくり炒め合わせ、2等分にしておく。

トマトケチャップ	大さじ3
塩	小さじ½
こしょう	少量

1人分ずつ焼く

❹ ボウルに卵2個を割り入れ、Aを加え、フォークで卵白を切るようにしてほぐす。

塩	少量
こしょう	少量

中火

❺ フライパンにサラダ油大さじ½を中火で熱し、バター大さじ½を入れてすぐに卵液を一気に流し入れ、フライパンを傾けて一面に広げる。

中火

❻ 焼いている面が少しかたまり、表面がやわらかい半熟状態になったら中央に③の半量をのせる。

中火

❼ フライパンの手前の縁に寄せてフライ返しで形を整え、器にひっくり返して盛りつけ、トマトケチャップをかける。もう一人分も同様にして作る。

トマトケチャップ	適量

*もっとかんたんオムライス

卵をかけるだけのオムライス
卵は半熟の状態でざっとスライドさせてのせるだけ！
●カロリー 773kcal ●塩分 3.7g

材料と作り方＊2人分
※❶〜❹はオムライスの材料、手順と同じ
❺1人分ずつ焼く。フライパンにサラダ油大さじ½を中火で熱し、バター大さじ½を入れてすぐに卵液を一気に流し入れてかき混ぜる。やわらかい半熟状になったら1人分ずつ器に盛った③のチキンライスの上にスライドさせてのせ、トマトケチャップをかける。もう1人分も同様にして作る。

ごはんの炊き方

"洗い方"、"炊き方"次第で炊き上がりが違ってきます。ポイントをおさえてふっくらごはんをマスターしましょう。

カロリー **252**kcal　塩分 **0.0**g
※1膳150gとして

材料＊2人分
米……………………2合（360㎖）
水…………米と同量〜2割増し

米の洗い方
「軽く洗う」感覚で「手早く」が鉄則

❶ 米を計量してボウルに入れ、水を注ぎ入れながら手早く混ぜる。

❷ 軽く混ぜてすぐに水を捨てる（1回目は米が乾燥した状態でもみ殻などの汚れを吸収しやすいのですぐに捨てる）。

❸ 米が割れないように気をつけながら、指先で静かに米を混ぜる。

❹ 流水を注いで軽く混ぜ、すぐに水を捨てる。③、④を数回繰り返し、米を洗う。

❺ 水がさほどにごらなくなったら米をざるにあげる。

調理memo

米の洗い終わりの目安
③、④を3〜4回繰り返して水が透明になったら米の洗い終わりの目安。必ずしも完全に透明になるまで洗う必要はないので注意しましょう。

Part 1 ごはんの炊き方
炊飯器・土鍋

土鍋での炊き方（専用土鍋）
専用の土鍋で炊くとつやつやごはんに

6 米はざるの底の水けをふき取ってから土鍋に入れ、水を米と同量～2割増しまで注ぎ、ふたをし、20分ほどおく。

7 強火にかける。

強火 ●●●

8 沸騰してきたら、ごく弱火にし、10分ほど炊く。

ごく弱火 ●

9 火を止め、10分ほどふたをしたまま蒸らす。

10 炊きあがったらふたを取り、しゃもじを水でぬらし、下からごはんをふわっと返し、切るようにして全体をほぐす。

炊飯器での炊き方
しっかりほぐしてふっくらごはんのできあがり

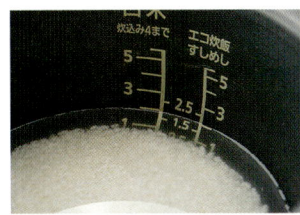

6 米はざるの底の水けをふき取ってから釜に入れ、水を2合の目盛りの線まで注ぎ、ふたをし、30分ほどおく。普通通り炊く。

7 炊き上がったらしゃもじを水でぬらし、釜とごはんの間に差し込んでぐるりと1周させ、下からごはんをふわっと返し、切るようにして全体をほぐす。

調理のポイント

普通の土鍋で炊く場合は？

ふたが二重になっていない土鍋で炊く場合は、ふたの穴にアルミホイル等で詰めものをするか、アルミホイルをかぶせてからふたをし、蒸気が逃げないようにして同様に炊きます。

＜作り方＞ 鍋に洗った米を入れ、同量～2割増しの水を加え、15～30分おく。ふたをして強火にかけ、沸騰してきたらごく弱火にし、10～15分炊いて火を止め、10分ほどふたをしたまま蒸らす。

カロリー 519kcal　塩分 1.3g

材料 ＊2人分/6個分
温かいごはん……………600g
塩………………………少量
梅干し、塩ざけ、昆布の佃煮…各適量
焼きのり（全型3枚切り）………6枚

おにぎりの作り方

ふんわり形よくできたおにぎりはお弁当に欠かせません。
中身の具材を変えたり、混ぜたりしてバリエーションを広げましょう。

❶ ボウルにごはんを入れ、手をぬらす水をボウルに、具材もそれぞれ用意する。

❷ 茶碗または小ボウルに軽くごはんを入れる。左右にころころ動かして形をまとめ、具を中心に入れる。

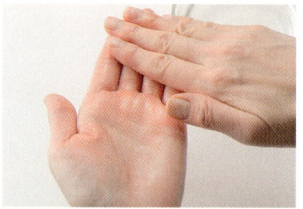

❸ 指先に水をつけ、手のひら全体をぬらす。

❹ 塩を人差し指、中指、薬指のひと節分まぶし、左手の手のひら全体につける。

＊三角型、丸型、俵型ともに❶〜❹まで同一手順

Part 1 おにぎりの作り方 俵型・丸型・三角型

三角型

5 左手に②のごはんをのせ、右手を山形にかぶせてにぎり始め、左手の手のひらと指で厚みを決める。

6 両手の形を変えずにまわしながら、三角型にしっかりにぎる。

丸型

5 左手に②のごはんをのせ、右手をかぶせ、左手の手のひらと指で厚みを調整しながらにぎる。

6 ごはんをくるくるまわしながら丸く形作る。

俵型

5 左手に②のごはんをのせ、縦長ににぎり、左手の手のひらと指で幅を調節しながらにぎる。

6 右手の親指、人差し指、中指、薬指でおおうように、上下をおさえながら形作る。

 ちょっとアレンジ

焼く

焼きおにぎり ●カロリー 155kcal ●塩分 0.9g

材料と作り方（1個分）
温かいごはんを茶碗に軽く1杯分（90g）入れ、しょうゆ適量を加え混ぜ、好みの形ににぎる。220〜230℃のオーブントースターで12〜13分焼く。

まぶす

白ごま ●カロリー 172kcal ●塩分 1.2g

材料と作り方（1個分）
温かいごはんを茶碗に軽く1杯分（90g）入れ、塩小さじ1/5を手のひらにのばし、軽くにぎる。手のひらに酒小さじ1/2をぬって再びにぎり、白いりごま小さじ1を全体にのばし、好みの形ににぎる。

混ぜる

塩ざけ＋高菜漬け ●カロリー 194kcal ●塩分 2.1g

材料と作り方（1個分）
温かいごはんを茶碗に軽く1杯分（90g）入れ、焼いてほぐした塩ざけ20g、刻んだ高菜漬け10gを混ぜる。塩小さじ1/5を手のひらにのばし、好みの形ににぎる。

だしの取り方

天然の素材から取っただしは、うまみを引き立たせ、料理をさらにおいしくしてくれます。
素材のうまみが足りないときのサポートとして、だしを使いましょう。

煮干しだし

腹ワタと頭を取ることで雑味が減ります

みそ汁や田舎風の煮ものなどに相性のいい、風味の強い和風だし。弱火でじっくりと煮立てて味をしみ出させます。

> 材料＊できあがり約カップ3
> 水……………………カップ4
> 煮干し…………… 20g（約10本）

❶ 煮干しは頭と腹ワタを取り除く。

❷ 鍋に水、煮干しを入れて10分ほどおく。

❸ 弱火で30分ほど煮る。沸騰したらアクを取る。弱火にして5分ほど煮て、火を止めてこし器でこす。

昆布かつおだし

和風の基本だし。作りたては香りも違います

料理の材料表示で「だし」とある場合は一般的にこのだしを指します。料理を選ばず活躍してくれるので、ぜひマスターしましょう。

> 材料＊できあがり約カップ3
> 水……………………カップ4
> 昆布………………………… 10g
> 削り節……………………… 5g

❶ 鍋に水、昆布を入れて10分ほどおく。

❷ 弱火で30分ほど煮る。煮立ち始めたら昆布を取り出す。

❸ 中火にして削り節を一度に加え、煮立ったらすぐに火を止める。

❹ 削り節が沈んだらこし器でこす。

Part 1 だしの取り方

昆布かつおだし・煮干しだし・万能だし

万能だし

洋風にも中華にも使える万能だし

鶏手羽のうまみだけを弱火でことこと煮出します。使える料理の幅もひろく、特に野菜料理におすすめです。

材料 ＊できあがり約カップ3
水‥‥‥‥‥‥‥‥‥‥‥‥カップ5
鶏手羽‥‥‥‥ 10〜12本（500g）

知っ得！ memo

万能だしの使い方

野菜中心のあっさりとした料理に鶏からじっくり煮だした万能だしを加えると、ぐっと味に深みが出ます。使うときはスープをそのまま加えるか、冷蔵、冷凍したものをそれぞれ味を見ながら適量加えましょう。洋風のスープやカレー、ラーメンのスープやうま煮のあんなど、様々な料理に活躍してくれます。（P.86「ロールキャベツ」、P.94「チキンカレー」などの水分を万能だしカップ½〜1に変える。）

❶ 手羽は水でさっと洗い、手羽中の骨と骨の間に切り込みを入れる。

❷ 鍋に手羽と水を入れて弱火にかけ、沸騰するまで50分ほど煮、沸騰したらさらに30分ほど煮る。

❸ ざるにペーパータオルを敷いてこす（できあがりカップ3）。スープとして使うときはこのまま使う。

＊だしをとった鶏手羽でもう1品

手羽先のグリル焼き

たれに一晩くらい漬けておくとさらに味がしみ込ます
●カロリー 378kcal ●塩分 2.9g

材料
万能だしの鶏手羽
‥‥‥‥‥‥ 10〜12本
しょうゆ、みりん
‥‥‥‥‥‥ 各大さじ2

作り方
❶ 手羽は温かいうちにポリ袋にしょうゆ、みりんとともに漬けこみ、2時間以上漬けておく。
❷ グリル（弱）でこんがりときれいな焼き色がつくまで弱めの火加減で8分ほど焼き、返して5分ほど焼く。

冷蔵・冷凍して保存

③をさらにカップ1になるまで煮詰め、バットに流し込み、ラップをして冷蔵する。（保存期間：4〜5日）

かたまったら適当な大きさに切り分け、ラップを敷いたバットにおき、さらにラップを上からかけて急速冷凍する。凍ったら冷凍用保存袋に入れて保存する。（保存期間：2週間ほど）

みそ汁＆スープ

| カロリー 39kcal | 塩分 2.6g | カロリー 92kcal | 塩分 1.9g |

あさりのみそ汁
だしを加えず、あさりのうまみを楽しんで

材料＊2人分
- あさり……………1パック（200g）
- 万能ねぎ……………………1/5本
- 水………………………カップ2
- みそ…………………大さじ1 1/2

❶ あさりは海水程度（塩分3％）の塩水につけ、暗くして1時間ほどおき、砂抜きをし、真水で殻をこすり合わせるようにしてきれいに洗う。万能ねぎは小口切りにする。

❷ 鍋に水とあさりを入れ、ふたをずらしてかけ、中火にかける。殻が開いたらアクを取り、弱火にしてみそを煮汁で溶きのばしながら入れ、器に注ぎ、万能ねぎを散らす。

大根と油揚げのみそ汁
油揚げは熱湯を通して油臭さを抜きます

材料＊2人分
- 大根………………… 5cm（200g）
- 油揚げ……………… 1/2枚（20g）
- だし……………………カップ2
- みそ……………………大さじ2

❶ 大根は皮をむき、輪切りにしてから細切りにする。油揚げはざるにあげてさっと熱湯を通して油抜きをし、水けを軽く絞って縦半分、横1cm幅に切る。

❷ 鍋にだし、大根を入れ、ふたをして中火にかける。煮立ってきたら弱火にし、5分ほど煮る。大根がやわらかくなったら油揚げを加えてひと煮し、みそを煮汁で溶きのばしながら入れる。

Part 1 みそ汁&スープ

大根と油揚げのみそ汁・あさりのみそ汁・豆腐とわかめのみそ汁・豚汁

カロリー 201kcal　塩分 2.3g

豚汁
具材をたっぷり入れていただきます

材料＊2人分

- 豚こま切れ肉………100g
- 大根………3cm（100g）
- にんじん……⅓本（50g）
- ごぼう………¼本（50g）
- ねぎ………⅓本（30g）
- こんにゃく…………小½枚（50g）
- 水……………カップ3
- みそ…………大さじ2

① 大根は皮をむいて5mm厚さのいちょう切り、にんじんは大根より少し薄めのいちょう切りにする。ごぼうはたわしできれいに洗って3mm厚さの輪切りにし、水に5分ほどさらしてざるにあげる。ねぎは小口切りに、豚肉は1〜2cm幅に切る。こんにゃくは1cm×3cmの短冊切りにして水からゆでてざるにあげる。

② 鍋に水、大根、にんじん、ごぼうとこんにゃくを入れて中火にかける。煮立ったらアクを取り、ふたをして弱火で10分ほど煮る。

③ ごぼうがやわらかくなったら中火にし、豚肉をほぐしながら加え、色が変わるまで煮てアクを取る。

④ ねぎを加え、弱火にしてみそを煮汁で溶きのばしながら入れ、ひと煮する。

カロリー 84kcal　塩分 1.9g

豆腐とわかめのみそ汁
大人も子どもも大好きな定番のみそ汁

材料＊2人分

- 塩蔵わかめ……………5g
- 豆腐……………½丁（150g）
- だし……………カップ2
- みそ……………大さじ1½

① 豆腐は1cm角に切る。わかめは軽くもみ洗いして塩分を抜き、食べやすい大きさに切る。

② 鍋にだしを入れて中火にかけ、煮立ってきたら火を弱めてみそを煮汁で溶きのばしながら入れる。

③ 豆腐、わかめの順に加え、温まったら器に注ぐ。

カロリー 244kcal　塩分 3.3g

ミネストローネ
たっぷり野菜をスープでいただきます

材料＊2人分

玉ねぎ……1/2個(100g)	ベーコン……2枚(30g)
にんじん……1/2本(75g)	オリーブ油……大さじ1
セロリ……1/3本(50g)	水……カップ3
さやいんげん	マカロニ……40g
……1/2袋(50g)	塩……小さじ1
トマト……小2個(300g)	こしょう……少量

① 玉ねぎ、にんじんは皮をむく、セロリは筋を取り、いんげん、トマトはヘタを取り、それぞれ1cm角に切る。ベーコンは1cm角に切る。

② 鍋にオリーブ油を中火で熱し、ベーコン、玉ねぎ、にんじん、セロリを入れ、しんなりするまで2～3分炒め、水を加える。

③ 煮立ったらふたをして弱火で1～2分煮て、トマト、いんげんを加えて再びふたをして5～6分煮込む。

④ いんげんがやわらかくなったらマカロニを加え、塩、こしょうで調味する。マカロニは袋の表示時間通り煮、やわらかくなったら器に注ぐ。

カロリー 294kcal　塩分 2.6g

コーンスープ
小麦粉を焦がさないよう炒めるのが肝心

材料＊2人分

クリームコーン缶……小1缶(190g)	
バター、小麦粉……各大さじ1	
牛乳……カップ2	
塩……小さじ1/2	
こしょう……少量	
クルトン（フランスパンの薄切り）……2枚	

① 鍋にバターを溶かし、小麦粉を入れ、弱火で焦がさないように炒める。

② 小麦粉がフツフツとしてきたら牛乳を加え、煮立ってきたらコーン缶をほぐし入れてひと煮する。

③ 塩、こしょうで調味し、器に注ぐ。フランスパンは2～3mm厚さに切り、オーブントースターでこんがりと2～3分焼く。適当な大きさに割ってスープに散らす。

オニオングラタンスープ

玉ねぎをじっくり炒めてコクを出して

カロリー 201kcal　塩分 2.4g

材料＊2人分

- 玉ねぎ……大1個（250g）
- サラダ油……大さじ1
- 水……カップ2
- ローリエ（あれば）……½枚
- パセリの茎……1本
- 塩……小さじ¾
- こしょう……少量
- フランスパン……4枚
- グリエールチーズ……20g

① 玉ねぎは縦薄切りにする。

② 鍋にサラダ油を中火で熱し、玉ねぎを入れる。木べらで混ぜながら鍋底が薄く色づき始めたら水少量（分量外）をふる。玉ねぎに焦げ色をからませるようにしながら、あめ色になるまで弱火で40〜50分炒める。

③ 水、ローリエ、パセリの茎を加え、弱火でアクを取りながら5分ほど煮る。塩、こしょうで調味する。

④ フランスパンはオーブントースターでこんがり焼き、チーズはスライサーでスライスする。

⑤ 耐熱の器に③のスープを注ぎ入れ、④のフランスパンを浮かし、チーズをのせてオーブントースターで、表面がこんがりと焼き色がつくまで3〜4分焼く。

クラムチャウダー

じゃがいものでんぷん質がとろみの素に

カロリー 199kcal　塩分 2.0g

材料＊2人分

- あさり（殻つき）……200g
- 玉ねぎ……¼個（50g）
- ベーコン……2枚（30g）
- じゃがいも……小1個（120g）
- トマト……½個（80g）
- サラダ油……大さじ½
- 水……カップ1
- 牛乳……カップ½
- 塩……小さじ¼
- こしょう、パセリ（みじん切り）……各少量
- クラッカー（好みで）……適量

① あさりは砂抜きをして汚れを落とし、ざるにあげる。玉ねぎ、ベーコンは1cm角に、じゃがいもは皮をむいて薄いいちょう切りにする。トマトはヘタを取り1cm角に切る。

② 鍋にサラダ油を弱めの中火で熱し、ベーコンを入れてさっと炒め、玉ねぎ、じゃがいもを順に加えて2〜3分、じゃがいもが透き通るまで焦げないように炒める。

③ 水を加え、煮立ったらアクを取る。ふたをしてじゃがいもがやわらかくなるまで10分ほど煮、ヘラなどでじゃがいもを少し崩す。

④ あさり、トマトを加え、2〜3分煮てあさりの殻が開いたら牛乳を加え、軽くひと煮する。塩、こしょうで味を調える。器に盛ってパセリを散らす。好みでクラッカーを割り入れても。

サンラータン

カロリー 130kcal　塩分 2.5g

片栗粉が多いと卵が散るので分量通りに

材料＊2人分

鶏ささみ肉‥‥1枚(50g)
A［しょうゆ、ごま油、
　　片栗粉…各小さじ½］
絹ごし豆腐… ¼丁(75g)
ゆでたけのこ……… 50g
しいたけ…… 2枚(40g)
みつば……… ⅓束(15g)
卵………………… 1個
水…………… カップ2
塩…………… 小さじ½
酒…………… 大さじ1

B［しょうゆ…大さじ½
　酢(または黒酢)
　……………大さじ1
　ラー油……小さじ1
　ごま油、こしょう
　…………… 各少量
　ねぎ(みじん切り)
　……………大さじ1
　しょうが(みじん切り)
　……………大さじ½］
C［片栗粉……小さじ2
　水…………小さじ4］

1. 鶏肉は細切りにし、Aをまぶす。豆腐は7〜8mm角の細切り、たけのこはせん切りにして水からさっとゆで、ざるにあげる。しいたけは石づきを取り、薄切りにする。みつばは2cm長さに切る。

2. スープの器にBを入れ、混ぜておく。

3. 鍋に水を煮立て、鶏肉をほぐし入れ、しいたけ、たけのこを加える。再び煮立ったらアクを取り、塩、酒で調味し、Cの水溶き片栗粉でとろみをつける。

4. 煮立ったら、溶き卵を菜箸に伝わらせるようにして糸状に入れ、静かにひと混ぜする。豆腐を加え、再び煮立ったら火を止めて②の器に注ぐ。

白菜と豚肉の中華スープ

カロリー 174kcal　塩分 1.5g

白菜は軸、葉の順に煮てムラなく仕上げます

材料＊2人分

白菜……1〜2枚(150g)
豚こま切れ肉………100g
春雨……………… 15g
しょうが(せん切り)
………………… ½かけ

水…………… カップ2
酒…………… 大さじ1
塩…………… 小さじ½
こしょう、ごま油
…………………各少量

1. 白菜は縦半分に切って横2cm幅に切り、軸と葉を分けておく。豚肉は白菜に合わせて大きいものは2cm大に切る。春雨は熱湯につけて5分ほどおき、ざるにあげ、5〜6cm長さに切る。

2. 鍋に水、豚肉を入れて中火にかけ、煮立ったらアクを取り、白菜の軸を加えてふたをし、1〜2分煮る。白菜の軸が透き通ってきたら葉、春雨、しょうがを加え、酒、塩、こしょうで調味する。

3. 仕上げにごま油で香りをつける。

Part 2

かんたん！おいしい！ヘルシー
和風のおかず

きんぴらごぼう、筑前煮、あじの塩焼きなど、定番の和食を紹介します。
バリエーション豊富な和食は、味つけや素材を変えたレシピなども充実。
魚のおろし方や煮もののコツなどもマスターしましょう。

きんぴらごぼう

ごぼうのささがきをマスターして見た目も美しく

カロリー 153kcal
塩分 2.0g

ごぼうとにんじんは炒め過ぎず
シャキッとした食感を残します

Part 2 和風のおかず

きんぴらごぼう・ピーマンのきんぴら

材料＊2人分
- ごぼう……………………2/3本（150g）
- にんじん…………………1/3本（50g）
- 赤とうがらし……………………1本
- サラダ油……………………大さじ1
- A　酒、みりん、しょうゆ
　　　　　　　……………各大さじ1 1/2
　　　砂糖……………………大さじ1/2

下ごしらえ

① ごぼうはたわしで皮をきれいに洗い、縦に4本程度切り目を入れてささがきにする。水に5分ほどさらしてアクを抜き、ざるにあげて水けをよくきる。

② にんじんは皮をむき、5mm幅の短冊切りにする。赤とうがらしは種を取り除く。

炒め煮にする

③ 鍋にサラダ油を中火で熱し、赤とうがらし、ごぼうを入れて炒める。

中火 ●●

④ ごぼうがしんなりしたら、にんじんを加えて炒め合わせる。

中火 ●●

⑤ 混ぜ合わせたAを加え、汁けがなくなるまで炒め煮にする。好みでごま油少量をふっても。

酒	大さじ1 1/2
みりん	大さじ1 1/2
しょうゆ	大さじ1 1/2
砂糖	大さじ1/2

中火 ●●

野菜を変えてアレンジ

ピーマンのきんぴら
- カロリー 60kcal
- 塩分 0.9g

ピーマンは食感を楽しむために横に切る

材料＊2人分
- ピーマン…4個（1袋150g）
- ごま油……………大さじ1/2
- A　酒、みりん、しょうゆ
　　　　　………各小さじ2
　　　砂糖………小さじ1/2
- 七味とうがらし………少量

作り方
❶ ピーマンは縦半分に切ってヘタと種を取り、横1cm幅に切る。
❷ フライパンにごま油を中火で熱し、ピーマンを入れて2分ほど炒める。しんなりしたらAを加え、2分ほど炒め合わせる。汁けがなくなったら火を止めて器に盛り、七味とうがらしをふる。

筑前煮

作り続けたい、我が家の定番煮ものといえばこれ

下ごしらえをしっかりして雑味をなくします

カロリー 347kcal
塩分 2.8g

Part 2 和風のおかず　筑前煮

材料＊2人分

鶏もも肉	小1枚 (150g)
ごぼう	1/2本 (100g)
こんにゃく	小2/3枚 (100g)
にんじん	1/2本 (75g)
れんこん	2/3本 (100g)
生しいたけ	4枚 (100g)
絹さや	30g
サラダ油	大さじ1

煮汁
- 水……カップ1
- 酒、みりん、しょうゆ……各大さじ2
- 砂糖……大さじ1/2

下ごしらえ

1 ごぼうはたわしで皮をきれいに洗い、2cm大の乱切りにして水に5分ほどさらし、ざるにあげる。こんにゃくはスプーンで一口大にちぎり、水からゆで、煮立ったらざるにあげる。

2 にんじんは皮をむいて2cm大の乱切りにする。れんこんは皮をむいて2cm大の乱切りにし、水にざっと通してざるにあげる。しいたけは石づきを取り、縦4等分に切る。絹さやはヘタと筋を取り、斜め半分に切る。

3 鶏肉は余分な脂を取り除き、2〜3cm角の一口大に切る。

炒めて煮る

4 鍋にサラダ油を熱し、ごぼう、にんじん、れんこん、こんにゃくを入れて炒める。全体に油が回ったら鶏肉を加えてさっと炒める。 
中火

5 鶏肉の色が変わったら煮汁の水を加える。
中火

水	カップ1

6 煮立ったら、アクがあれば取り、残りの煮汁の材料を加える。しいたけを加えて落としぶたをし、15〜20分煮る。
中火

酒	大さじ2
みりん	大さじ2
しょうゆ	大さじ2
砂糖	大さじ1/2

7 野菜がやわらかくなり、煮汁が少なくなるまで煮、絹さやを加えて落としぶたをし、ひと煮する。
中火

いわしの梅煮

佃煮風の味わい。冷蔵保存で3〜4日もちます

カロリー 275kcal　塩分 3.0g

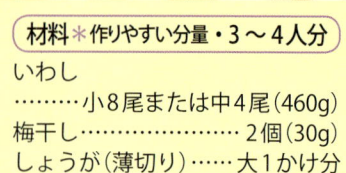

材料 * 作りやすい分量・3〜4人分
- いわし ……… 小8尾または中4尾(460g)
- 梅干し ……………… 2個(30g)
- しょうが(薄切り)…… 大1かけ分
- 煮汁
  - 酒、みりん ……… 各大さじ2
  - 水 ……………… カップ½
  - 砂糖 …………… 大さじ1
  - しょうゆ ………… 小さじ1

梅干しを加えることで魚臭さが減らせます

Part 2 和風のおかず

いわしの梅煮・あじの煮つけ

下ごしらえ

❶ いわしはうろこを包丁の先で身を傷つけないようにこそぎ取る。胸びれの下に包丁を入れて頭を切り落とす。

❷ 腹を肛門まで切り開き、腹ワタを包丁の先でかき出す。水洗いして腹の中の血合いなどをよく洗い流し、ペーパータオルで水けをふく。

❸ 腹を手前に持ち、親指を差し込んで中骨の上側と背骨の際まで、骨と身をはがしてゆく。そのまま親指を両側に動かして、片側を開ききる。

❹ 尾側の中骨を指でつまむようにして折り、左手で尾のつけ根を軽く押さえ、骨をはがし取る。

❺ 身を切り分け、背びれの部分を薄く切り取って2枚に切り分ける。

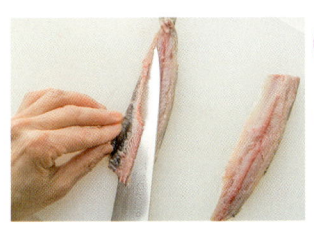

❻ 包丁を寝かせるようにして腹骨をそぎ取り、残りの半身も同様にそぎ取り、尾を切り落とす。

煮る

❼ 鍋に煮汁の酒、みりんを入れ、中火で煮立ててアルコール分をとばし、残りの煮汁の材料を加えて再び煮立てる。いわしの皮のほうを上にして並べ入れ、梅干し、しょうがを加え、煮立ったら煮汁を回しかける。

酒	大さじ2
みりん	大さじ2
水	カップ½
砂糖	大さじ1
しょうゆ	小さじ1

❽ 落としぶたをし、弱火で10分ほど煮て、ふたをとって汁けが少なくなるまで煮詰める。

魚の煮つけをアレンジ

あじの煮つけ
くさみのない魚の煮つけの秘訣は下ごしらえにあり
●カロリー 141kcal ●塩分 2.9g

材料＊2人分
あじ（180g）……………………… 2尾
万能ねぎ ………………… ½束（50g）
煮汁
　酒 …………………… 大さじ2
　みりん ……………… 大さじ2
　水 …………………… カップ½
　しょうゆ …………… 大さじ2

作り方
❶ あじはうろこを取り、ぜいごをそぎ取る。エラを外し、盛ったときの腹の裏側に切り込みを入れ、腹ワタを取り除く。水で腹の中をきれいに洗って水けをふきとる（P.47 あじの下ごしらえ参照）。万能ねぎは5cm長さに切る。
❷ 鍋に煮汁の酒、みりんを中火で煮立て、アルコール分をとばし、水を加える。煮立ったらしょうゆを加え、再び煮立ったらあじを並べ入れる。
❸ 煮立ったらアクを取り、落としぶたをして7～8分煮る。
❹ あじに火が通ったら万能ねぎを加えてさっと煮て器に盛る。残った煮汁を少し煮詰め、上からかける。

あじの塩焼き

朝の定番おかずもしっかり作ってあげたい

材料＊2人分
あじ（180g）……………………2尾
粗塩……………………………小さじ1
大根おろし、しょうゆ……各適量

粗塩は高いところからふってムラなく味つけをします

カロリー 113kcal　塩分 2.9g

Part 2 和風のおかず

あじの塩焼き・さんまの塩焼き

下ごしらえ

1 尾から頭に向かって包丁の刃を動かしてうろこをこそげ取る。尾の付け根のところから包丁をねかせて身をつけないようにそぎ取る。

2 えらぶたを開けて包丁の先を差し込み、えらを引っ張って取り出す。

3 頭を右、腹を手前に置き、(盛りつけたときに裏側になる)腹の部分に切れ目を入れる。包丁の先で内臓をかき出す。

4 水で腹の中をきれいに洗って水けをふく。

5 表面に斜めに1本〜数本の切り込み(飾り包丁)を入れる。

焼く

6 焼く直前に粗塩(1尾につき、小さじ½)を30cmの高さから全体にふりかける。

粗塩	小さじ1

しょうゆ	適量

7 盛りつけたときに表になる面から焼き、きれいな焼き色がついたら返して中まで火が通るように、表10分、裏5〜6分でこんがりと焼く。器にあじを盛り、大根おろしをのせ、しょうゆをかける。

さんまの塩焼き
魚を変えてアレンジ

● カロリー 456kcal
● 塩分 3.0g

フライパンで焼いてもおいしくできます

材料＊2人分
- さんま……………2尾
- 塩(あれば粗塩)…小さじ1
- みょうが……………1個
- ねぎ………………¼本
- 青じそ……………5枚
- 大根…………5cm(200g)
- すだち……………1個
- しょうゆ…………適量

作り方
1. さんまは塩をふり、斜め半分に切る。
2. フライパンにフライパン用ホイルを敷いて(またはサラダ油少量を塗る)、さんまを並べ入れる。ふたをずらしてのせ、弱火で10分ほど焼く。焼き色がついたら返し、10分ほど焼く。
3. みょうが、ねぎは小口切り、青じそは縦半分に切って横細切りにし、冷水にさらす。ざるにとって水けをよくきる。大根はすりおろす。
4. 器にさんまを盛り、③、大根おろし、横半分に切ったすだちを添えて、大根おろしにしょうゆをかける。

さばの竜田揚げ

魚が苦手な人でも食べやすく、お弁当にも最適です

カラリとするまで揚げて香ばしく仕上げます

カロリー **268**kcal　塩分 **1.7**g

材料＊2人分

- さば（三枚おろし）……………1枚（正味200g）
- A ┌ 酒、しょうゆ……各大さじ1
  └ しょうが（すりおろす）……………小さじ1
- 片栗粉……………適量
- 揚げ油……………適量
- かいわれ菜…………小1パック

Part 2 和風のおかず

さばの竜田揚げ・豚肉の竜田揚げ

下ごしらえ

1 さばは一口大のそぎ切り（8等分）にする。

2 バットにAを合わせ、ときどき返しながら20分ほど漬ける。

酒	大さじ1
しょうゆ	大さじ1
しょうがのすりおろし	小さじ1

3 余分な汁けをペーパータオルでふきとる。

4 ボウルに片栗粉を入れ、全体にしっかりとまぶす。

揚げる

5 フライパンに揚げ油を2cm深さ程度入れ、170℃に熱する。④をひとつずつくっつかないように入れる。まわりがかたまってきたら、ときどき返しながら6〜7分揚げる。表面がカラリとしたら取り出し、油をきる。

揚げ油 170℃

仕上げる

6 器に盛り、きれいに洗って根を切り落としたかいわれ菜を添える。

豚肉の竜田揚げ
豚こまを一口大にまとめて揚げます
●カロリー 419kcal ●塩分 1.4g

材料を変えてアレンジ

材料 ＊ 2人分
豚こま切れ肉 ……… 200g
A ┌ 酒 …………… 大さじ½
　├ しょうゆ …… 大さじ1
　└ しょうが（すりおろす）
　　 …………… 小さじ1
片栗粉 ………… 大さじ5
ししとう … 1パック（80g）
揚げ油 …………… 適量

作り方
❶豚肉は大きいものは半分に切り、Aをまぶして少しもんで5分ほどおく。
❷ししとうはヘタの先を切り落とし、つまようじで何ヶ所か穴をあける。
❸①の汁けをよくきり、片栗粉をまぶす。
❹揚げ油を170℃に熱し、③を一口大ずつにまとめて入れる。カラリとするまで4〜5分揚げ、油をきる。ししとうは、色鮮やかになる程度に1分ほど揚げる。
❺器に豚肉、ししとうを盛り合わせる。

ぶり大根

ぶりのうまみをたっぷり吸い込んだ大根にほろり

カロリー 393kcal　塩分 4.0g

材料＊2人分

ぶりのアラ……………………400g
大根………………… ½本（600g）
しょうが（薄切り）……1かけ分
煮汁
　水……………………カップ2
　酒、みりん、しょうゆ
　　……………………各大さじ3
　砂糖……………………大さじ1½

大根を下ゆですれば
味をしみ込みやすくなります

下ごしらえ

① ぶりのアラは流水でざっと洗い、血合いなどを取り除く。

② 鍋にたっぷりの熱湯を沸かし、アラを入れてさっとゆで、表面の色が変わったら水にとる。血や汚れをきれいに洗い、ざるにあげて水けをきる。

③ 大根は3〜4cm厚さの輪切りにし、皮をむいて半分に切る。鍋に大根を入れ、ひたひたの水を注いでふたをし、ゆでる。煮立ったら弱火にして15分ほど、大根に竹串がやっと通る程度までゆでる。

中火 → 弱火

煮る

④ 別鍋に煮汁を煮立て、アラを加えてしょうがを散らし入れる。再び煮立ったら、アクを取り（あれば）、落としぶたをして15分ほど煮る。

中火

水	カップ2
酒	大さじ3
みりん	大さじ3
しょうゆ	大さじ3
砂糖	大さじ1½

⑤ 汁けをきった大根を加えて落としぶたをし、大根がやわらかくなって味がしみ込むまで20分ほど煮込む。

⑥ 落としぶたをとり、スプーンで煮汁を上からかけながら照りを出すように煮る。

ぶりかぶ
かぶは火が通るのが早いので煮過ぎに注意

材料を変えてアレンジ

● カロリー 637kcal ● 塩分 3.5g

材料＊2人分
- ぶりのアラ …………… 500g
- かぶ …………… 3個（300g）
- しょうが（薄切り） …………… 1かけ分

煮汁
- 水 …………… カップ1½
- 酒、みりん、しょうゆ …………… 各大さじ2½
- 砂糖 …………… 大さじ1

作り方
① ぶりのアラは流水でざっと洗う。かぶは茎を3cm残して葉を切る。葉は5cm長さに切り、根は皮つきのまま縦半分に切り、茎の汚れを落とす。

② 鍋にたっぷりの熱湯を沸かし、アラを入れてさっとゆで、表面の色が変わったら水にとる。血や汚れをきれいに洗い、ざるにあげて水けをきる。

③ 別鍋に煮汁を入れて中火にかけ、煮立ったらしょうが、②を加え、再び煮立ったらアクを取り（あれば）、落としぶたをして12〜13分煮る。途中で上下を一度返す。

④ 煮汁が半分程度になったらかぶを加え、落としぶたと鍋ぶたをして5〜6分煮る。途中で上下を返して葉先を加え、落としぶただけにして5分ほど煮る。

かれいの煮つけ

家庭的な香りがふんわりただよう懐かしい味わい

魚臭さの原因になる余分な水けは
初めにふき取ってから調理して

カロリー
167 kcal

塩分
4.1 g

Part 2 和風のおかず／かれいの煮つけ・たらの煮つけ

材料 ＊ 2人分

かれい……………………2切れ (300g)
煮汁
　┌ 酒、みりん……………各大さじ3
　│ 水…………………………カップ½
　│ しょうゆ…………………大さじ3
　└ 砂糖………………………大さじ2
小松菜………………………½束 (100g)

下ごしらえ

1 かれいはペーパータオルで水けをふきとる。小松菜は根元を切り落として5cm長さに切り、きれいに洗う。

煮る

2 小さめのフライパンに煮汁の酒、みりんを入れ、火にかけて煮立て、アルコール分をとばす。
中火
| 酒 | 大さじ3 |
| みりん | 大さじ3 |

3 残りの煮汁の材料を加え、再び煮立ったらかれいを並べ入れる。
中火
水	カップ1/2
しょうゆ	大さじ3
砂糖	大さじ2

4 スプーンで煮汁をすくって上からかけ、落としぶたをし、弱めの中火で7～8分煮る。 
弱めの中火

5 かれいに火が通ったら落としぶたをとって中火にし、スプーンで煮汁をかけながら2～3分煮て器に盛りつける。 
中火

6 小松菜を加え、さっと煮て小松菜がやわらかくなったら⑤に添える。残った煮汁をとろりとするまで煮つめ、かれいの上からかける。
中火

たらの煮つけ
魚を変えてアレンジ
分量を少し変えてあっさり煮にしました
●カロリー 161kcal　●塩分 3.2g

材料 ＊ 2人分
たら…………2切れ (250g)
煮汁
　┌ 酒、みりん・各大さじ2
　│ 水……………カップ½
　└ しょうゆ……大さじ2
チンゲン菜・1～2株 (200g)

作り方
❶ たらは水けをふき取る。チンゲン菜は長さを半分に切り、茎の部分をよく洗って縦4～6等分、葉は大きいものは半分に切る。
❷ 小さめのフライパンに煮汁の酒、みりんを入れて中火で煮立て、アルコール分をとばす。
❸ 残りの煮汁の材料を加え、煮立ったらたらを並べ入れる。煮汁をかけ、落としぶたをして弱めの中火で5～6分煮、ふたをとって煮汁をかけながら3～4分煮る。
❹ チンゲン菜を加え、さっと煮て器に盛る。残った煮汁を少し煮つめて上からかける。

かぼちゃのそぼろ煮

ほっくりかぼちゃにそぼろあんをたっぷりからませて

落としぶたをして
しっかり味をしみ込ませます

カロリー **231**kcal　塩分 **1.4**g

Part 2 和風のおかず

かぼちゃのそぼろ煮・かぼちゃの煮もの

材料 ＊ 2人分

かぼちゃ ……………………… 1/6個 300g
鶏ひき肉 ……………………… 100g
酒 ……………………………… 大さじ1

煮汁
- 水 ……………………… カップ1
- みりん ………………… 大さじ1
- 砂糖 …………………… 大さじ1/2
- しょうゆ ……………… 小さじ2
- 塩 ……………………… 少量

A
- 片栗粉 ………………… 小さじ1
- 水 ……………………… 小さじ2

下ごしらえ

1 かぼちゃは種とワタを取り、一口大に切る。

ひき肉を炒る

2 鍋にひき肉、酒を入れ、弱めの中火にかけて、箸3～4本で炒りつける。

| 酒 | 大さじ1 |

弱めの中火

煮る

3 ぽろぽろになったら煮汁の水を加え、中火にする。

| 水 | カップ1 |

中火

4 煮たったらかぼちゃの皮を下にして加える。

中火

5 残りの煮汁の材料を加えて調味し、落としぶたをしてかぼちゃがやわらかくなるまで弱めの中火で10分ほど煮る。

みりん	大さじ1
砂糖	大さじ1/2
しょうゆ	小さじ2
塩	少量

弱めの中火

6 Aの水溶き片栗粉を加えて静かに混ぜ、ひと煮し、とろみがついたら器に盛る。

弱めの中火

＊かぼちゃを使ってアレンジ

かぼちゃの煮もの
砂糖控えめ素材の甘さで
- カロリー 191kcal
- 塩分 0.4g

材料 ＊ 2人分
かぼちゃ …… 1/6個（300g）

煮汁
- 水 ………… カップ2/3
- 酒、みりん
  ……… 各大さじ1 1/2
- 砂糖 ……… 大さじ1/2
- しょうゆ … 小さじ1

作り方
1. かぼちゃは種とワタを取り、3cm角に切る。
2. 鍋に煮汁を入れて煮立て、かぼちゃの皮を下にして並べ入れ、落としぶたをして中火で10分ほど煮る。
3. かぼちゃがやわらかくなって汁けがほとんどなくなったら火を止め、そのままあら熱がとれるまでおいて味を含ませる。

里いもの煮ころがし

きれいな形と上品な照りが自慢の一品

カロリー 198kcal　塩分 2.0g

煮汁をしっかり煮からめて
里いもの照りをだして

Part 2 和風のおかず

里いもの煮ころがし・新じゃがの煮ころがし

材料＊2人分
- 里いも……………………7～10個（500g）
- 煮汁
  - 水……………………カップ1
  - 酒、みりん、しょうゆ、砂糖
  - ……………………各大さじ1½

下ごしらえ

1 里いもはたわしで泥をきれいに洗い落とす。乾いてから皮をむき、大きいものは半分に切る。

煮る

2 鍋に里いもを重ならないように並べ入れる。

3 煮汁を加えて強火にかける。

水	カップ1
酒	大さじ1½
みりん	大さじ1½
しょうゆ	大さじ1½
砂糖	大さじ1½

強火 ●●●

4 煮立ったら中火にして落としぶたをし、鍋をときどきゆすりながら12～15分煮る。

中火 ●●

5 里いもがやわらかくなったら落としぶたをとり、強めの中火にして煮汁をとばし、からめるように煮上げる。

強めの中火 ●●

野菜を変えてアレンジ

新じゃがの煮ころがし
●カロリー 151kcal　●塩分 1.3g

素材一つでも様になる春のおかず

材料＊2人分
- 新じゃがいも
  - ……（8～10個）400g
- ごま油……………大さじ½
- 煮汁
  - 水…………カップ1
  - 酒、みりん、しょうゆ
  - …………各大さじ1
  - 砂糖………大さじ½

作り方

❶ じゃがいもは、たわしできれいに洗い、味がしみ込みやすいようにところどころ竹串で刺す。

❷ 鍋にごま油を中火で熱し、じゃがいもを入れ、転がしながら皮がこんがりとするまでよく炒める。

❸ 煮汁を加え、煮立ったら落としぶたをして15分ほど煮る。

❹ じゃがいもがやわらかくなったら落としぶたを取る。火を強めて煮汁をとばしながら、からめるように煮上げる。

あさりの酒蒸し

ふっくらとしたあさりの身と汁までぜ〜んぶごちそう

**調味は酒のみにして
あさりのうまみをいただきます**

カロリー 19kcal　塩分 1.3g

Part 2 和風のおかず あさりの酒蒸し

材料 ＊ 2人分

あさり……………… 1パック（300g）
酒………………………… 大さじ1
万能ねぎ…………… 1〜2本（10g）

下ごしらえ

1 あさりは海水程度（塩分3％）の塩水につけ、新聞紙などで暗くして1時間ほどおき、砂抜きをする。

2 あさりをすくってボウルに入れ、殻をこすりあわせて汚れを洗い落とす。

3 ざるにあげ、水けをきる。万能ねぎは小口切りにする。

蒸し煮にする

4 フライパンにあさりを入れて酒をふり、ふたをして中火にかける。

酒　大さじ1

中火

5 ふたがカタカタしてきたら弱めの中火にし、2〜3分蒸し煮にする。

弱めの中火

6 あさりの殻が開いたら器に盛り、万能ねぎを散らす。

おいしくなるコツ

①で塩水をひたひた程度の少なめにすると、うまく砂をはいてくれます。

⑥であさりの殻が開いた順に取り出すとベストの状態でいただけます。

豚肉のしょうが焼き

ごはんがすすむ！モリモリ食べたい人気の肉おかず

豚肉に小麦粉をふって肉のうまみを閉じ込めて

カロリー 317kcal
塩分 2.0g

豚肉のしょうが焼き

材料＊2人分

- 豚肉（しょうが焼き用）… 6枚（200g）
- A ┌ 酒、しょうゆ、しょうが（すりおろす）
  └ …………………各大さじ½
- キャベツ……………… 1〜2枚（100g）
- トマト………………………… ½個（80g）
- 小麦粉……………………………小さじ1
- サラダ油…………………………小さじ2
- B ┌ 酒、しょうゆ…………各大さじ1
  └ 砂糖、しょうが（すりおろす）…………各小さじ1

下ごしらえ

1. 豚肉は白い脂身と赤身の境目を包丁の刃先で4〜5ヶ所切り目を入れて筋を切る。

2. 豚肉が重ならないようにバットに並べ入れる。Aを混ぜ合わせてかけ、途中上下を返してなじませながら5分ほどおく。

酒	大さじ½
しょうゆ	大さじ½
しょうがのすりおろし	大さじ½

3. キャベツはきれいに洗ってせん切りにする。トマトはヘタを取り、くし形に切る。ボウルにBを入れ、混ぜ合わせる。

酒	大さじ1
しょうゆ	大さじ1
砂糖	小さじ1
しょうがのすりおろし	小さじ1

4. 豚肉は盛りつけるときに表になるほうを上にし、小麦粉の½量を茶こしでふる。

焼く

5. フライパンにサラダ油を中火で熱し、豚肉の粉がついているほうを下にして3枚並べ入れ、片面を焼く。焼いている間に豚肉の上に茶こしで残りの小麦粉の¼量を薄くふる。表面の色が変わり始めたら裏返し、いったん取り出して残りも同様に焼く。

中火

6. 取り出しておいた豚肉を再び戻し入れ、Bを回しかけて全体をからめる。

中火

仕上げる

7. 器に盛り、フライパンに残った汁を上からかけてキャベツ、トマトを添える。

鶏肉の鍋照り焼き

一口食べると幸せが口いっぱいに広がります

カロリー 478kcal　塩分 2.2g

油をふき取り、たれをからみやすく
させるのがおいしさのカギ

Part 2 和風のおかず

鶏肉の鍋照り焼き

材料 ＊ 2人分

鶏もも肉……………………小2枚（400g）
ピーマン……………………2個（80g）
赤ピーマン…………………1個（40g）
サラダ油……………………小さじ1
煮汁
　　酒、みりん、しょうゆ
　　　　…………………各大さじ1 ½
　　砂糖………………………大さじ1

下ごしらえ

① 鶏肉は余分な脂を取り除く。ピーマンは種とヘタを取って一口大の乱切りにする。

焼く

② フライパンにサラダ油を弱めの中火で熱し、鶏肉の皮を下にして入れ、落としぶたをして5〜6分焼く。

弱めの中火

③ こんがり焼き色がついたら返して焼き、出てきた脂をキッチンペーパーでふき取る。ピーマンを加えてしんなりするまで3分ほど炒め合わせる。ピーマンに火が通ったら取り出す。

弱めの中火

④ 煮汁を加えて中火で煮る。

酒	大さじ1 ½
みりん	大さじ1 ½
しょうゆ	大さじ1 ½
砂糖	大さじ1

中火

⑤ 途中返しながら鶏肉に火が通るまで煮る。煮汁が少なくなり、とろりとするまで煮からめ、照りを出す。

中火

仕上げる

⑥ 食べやすく切って③のピーマンとともに器に盛る。

豚の角煮

手間ひまかけても作ってあげたいほろほろ角煮

カロリー 726kcal　塩分 2.3g

竹串がスッと通るくらい下ゆでして
味をしみ込みやすくするのがポイント

Part 2 和風のおかず

豚の角煮

材料＊3〜4人分

豚バラ肉……………………………700g
しょうが（薄切り）・1かけ分（4〜5枚）
ゆで卵………………………………4個
A ┌ 酒…………………………カップ1
　├ しょうゆ、みりん………各大さじ3
　└ 砂糖………………………大さじ2
練りがらし（好みで）……………適量

下ごしらえ

1 鍋に豚肉を入れ、たっぷりの水を加えて中火にかけ、煮立ったら2〜3分ゆでる。表面が白くなったらざるにあげる。

中火

2 きれいな鍋に豚肉を入れ、かぶる位の水（カップ6目安）を注いで火にかける。煮立ったらふたをずらしてかけ、弱火にして1時間半ほど、竹串がスッと通る程度までゆでる。

中火 → 弱火

3 火を止めてそのまま冷まし、脂がかたまったら豚肉を取り出す。ゆで汁はペーパータオルを敷いたざるでこしてとっておく。取り出した豚肉は8等分（約4cm角）に切る。

煮る

4 鍋に③の豚肉を入れ、Aの酒を加えて、③のゆで汁カップ1½程度（鍋により量は異なる）をひたひたになるように入れる。しょうがを加えて落としぶたをし、中火にかける。

中火

| 酒 | カップ1 |

5 煮立ったら弱火にし、20分ほど煮る。Aのしょうゆ、みりんを加え20分ほど落としぶたをしたまま煮る。

弱火

| しょうゆ | 大さじ3 |
| みりん | 大さじ3 |

6 Aの砂糖、ゆで卵を加えてさらに15分ほど煮る。落としぶたをとり、5〜10分煮汁をかけながら煮る。煮汁が多ければ水けをとばして調整する。

弱火

| 砂糖 | 大さじ2 |

なじませる

7 火からおろして味をなじませる。

肉豆腐

素材のうまみが広がった煮汁を、ギュッとしみ込ませて

クタクタになりがちなねぎは
いったん取り出すことで解決します

カロリー 528kcal　塩分 4.0g

Part 2 和風のおかず

肉豆腐

材料 ＊2人分
牛こま切れ肉……………………200g
木綿豆腐…………………………1丁（300g）
ねぎ………………………………2本（200g）
煮汁
　水………………………………カップ⅔
　酒、砂糖、しょうゆ……各大さじ3

下ごしらえ

1 豆腐は3〜4cm角のやっこに切る。ねぎは1.5cm幅の斜め切りにする。

煮る

2 鍋に煮汁を入れて中火にかけ、煮立ったらねぎを加える。しんなりするまで煮、いったん取り出す。

水	カップ⅔
酒	大さじ3
砂糖	大さじ3
しょうゆ	大さじ3

中火

3 牛肉を少しずつ入れ、その都度ほぐしながら加えて火を通す。

中火

4 牛肉の色が変わったら端に寄せ、アクがあれば取り、豆腐を加える。②のねぎを戻し入れ、豆腐に味がしみるまでときどき返しながら2〜3分煮る。

中火

仕上げる

5 器に牛肉、ねぎ、豆腐を崩さないように盛る。

おいしくなるコツ

● 豆腐は絹ごし豆腐より味のしみ込みやすい木綿豆腐を使いましょう。

● ③で牛肉をほぐしながら入れることでムラなく火が通ります。

とんかつ

カロリー **617**kcal　塩分 **1.3**g

黄金色の衣を切り分けるときのサクサクッとした音まで幸せ

衣の卵に小麦粉を加えると
パリッと上手に揚がります

Part 2 和風のおかず

とんかつ・かつ丼

材料＊2人分

豚ロース肉……………… 2枚（240g）
塩、こしょう……………………各少量
キャベツ………………… 1〜2枚（100g）
きゅうり………………… ½本（50g）
トマト…………………… ½個（80g）
衣
　溶き卵………………………½個分
　小麦粉、パン粉……………各適量
揚げ油………………………………適量
中濃ソース……………………各適量

下ごしらえ

1 豚肉は白い脂身の外側、内側と赤身の境目に包丁の刃先で5〜6ヶ所切り目を入れて筋を切り、縮まないようにする。両面に塩、こしょうをふる。

| 塩 | 少量 |
| こしょう | 少量 |

2 キャベツは洗ってせん切りにし、きゅうりは3mm幅の斜め切りにする。トマトはヘタを取り、4〜6等分のくし形に切る。

衣をつける

3 ボウルに溶き卵、小麦粉大さじ1を加えてよく溶き混ぜる。衣の小麦粉とパン粉をバットに広げる。

4 豚肉は衣の小麦粉をまんべんなくつけて余分な粉をはたき、右手で卵液を全体にからめる。きれいな左手でパン粉をしっかりと押さえて全体にまぶしつけ、余分なパン粉をはたき落とす。

揚げる

5 揚げ油を170℃に熱し、豚肉を盛りつけたときに表になるほうを下にして入れる。始めの2分は触らず、パン粉がかたまったらそっと返し、そのまま触らずに4〜5分揚げる。

揚げ油 170℃

6 ピチピチと音がしてきれいなきつね色に揚がったら取り出し、油をきる。

揚げ油 170℃

仕上げる

7 4〜5等分に切り分け、キャベツ、きゅうり、トマトとともに器に盛り、ソースをかける。

とんかつを使った丼レシピ

かつ丼
でき合いにはない家庭の味を楽しんで

● カロリー 733kcal　● 塩分 2.9g

材料＊1人分

とんかつ…………… 1枚
玉ねぎ……… ¼個（50g）
卵 ………………… 1個
煮汁
　水 ………… カップ¼
　酒、みりん、しょうゆ
　………… 各大さじ1
温かいごはん
　………（150〜200g）

作り方

❶玉ねぎは横1cm幅に切る。ボウルに卵を割りほぐす。とんかつは1.5cm幅に切る。
❷小さいフライパンに煮汁を入れて煮立て、玉ねぎを加えてふたをして煮る。しんなりしたら、とんかつを並べ入れ、煮汁をかけながら1分ほど煮る。卵液を中央から全体に流し入れ、ふたをする。
❸好みの半熟状態になったらごはんを盛った丼にのせる。

天ぷら

外はサクサク、中はほっくほく。熱々をみんなでどうぞ

カラリと揚げるコツは
さっくりと混ぜた衣と油の温度

カロリー 411kcal　塩分 1.6g

材料＊4人分

えび（有頭で約30g）………8尾
きす（天ぷら用に開いたもの）
　………4尾（40g）
さつまいも………小½本 100g
青じそ………………………4枚
ししとう……………………8本

天つゆ
　酒、みりん、しょうゆ
　　…………………各大さじ2
　だし………………………カップ1
大根おろし………………適量

衣
　卵…………………………1個
　水（卵1個と合わせて）
　　…………………………カップ1
　小麦粉……………………カップ1
小麦粉、揚げ油……………適量

Part 2 和風のおかず — 天ぷら・天丼

下ごしらえ

1 さつまいもはきれいに洗い、皮つきのまま7〜8mm厚さの輪切りにする。青じそは茎を少し切り落とし、水けをふく。ししとうはヘタ先を少し切り落として切れ目を入れる。

2 えびは頭を取り、尾と1節分を残して殻をむく。背に切り込みを入れて背ワタを取り、尾先を斜めに少し切り落として中の水分を包丁の先でしごき出す。腹側に浅い切り込みを数本入れて軽くのばす。

天つゆを作る

3 鍋に天つゆの酒、みりんを入れて煮立て、アルコール分をとばす。だし、しょうゆを加えてひと煮立ちさせる。

中火

酒	大さじ2
みりん	大さじ2
しょうゆ	大さじ2
だし	カップ1

衣を作る

4 衣の卵を割って溶きほぐし、冷水を加えてカップ1にし、ボウルに入れて混ぜる。小麦粉を加えて箸でさっくりと混ぜる。

揚げる

5 フライパンに揚げ油を2cm深さ程度入れ、160℃に熱する。さつまいもを④の衣にからませて入れ、中まで火が通るように3〜4分揚げる。油の温度を170℃に上げ、ししとうはヘタを持って衣をからませて入れ、同様に揚げる。青じそは衣を片面だけにつけて揚げる。

6 えび、きすに小麦粉をまぶす。

7 油の温度を170〜180℃に上げ、えび、きすに④の衣をからませて入れ、カラリとなるまで揚げて取り出し、油をきる。⑤とともに器に盛り合わせ、大根おろし、③の天つゆを添える。

揚げ油 170〜180℃

天ぷらを使った丼レシピ

天丼
●カロリー 599kcal ●塩分 3.5g

甘辛いたれがからんでおいしさ2倍に

材料＊2人分

天ぷら
- えび ……………… 4本
- きす ……………… 2本
- ししとう ………… 4本
- さつまいも ……… 6切れ
- しそ ……………… 2枚

天つゆ
- だし ……………… カップ¼
- みりん、しょうゆ … 各大さじ2

温かいごはん ……… 丼2杯分（400g）

作り方

❶ 鍋に天つゆのだし、みりんを煮立て、しょうゆを加えてひと煮立ちさせる。

❷ 丼にごはんを盛り、揚げたての天ぷらに①の天つゆをからませてのせ、上からも天つゆを少量かける。

茶碗蒸し

ぷるんとした食感とやさしい味が人気の秘密

カロリー **122**kcal　塩分 **1.6**g

卵にすが入らないように
弱火でゆっくり蒸しましょう

茶碗蒸し

材料 ＊ 2人分

卵	2個
水	カップ1
酒	小さじ1
しょうゆ	小さじ½
塩	小さじ¼
鶏ささ身	1枚（50g）
A 酒	小さじ1
しょうゆ	少量
むきえび	6尾（30g）
B 酒	小さじ1
塩	少量
しめじ	小½袋（50g）
みつば	4〜6本

下ごしらえ

1 ボウルに水を入れ、酒、しょうゆ、塩を加えて混ぜ合わせる。

水	カップ1
酒	小さじ1
しょうゆ	小さじ½
塩	小さじ¼

2 卵をボウルに割り入れ、菜箸で白身をつまんで切るようによく溶きほぐす。①を加えて混ぜ合わせ、ざるでこす。

3 ささ身は一口大のそぎ切りにしAをまぶす。

酒	小さじ1
しょうゆ	少量

えびは背ワタがあれば取る。片栗粉少量（分量外）をふってもみ、流水できれいに洗い流し、ペーパータオルで水けをふき取り、Bをまぶす。しめじは石づきを切り落とし、小房に分ける。みつばは2〜3cm長さに切る。

酒	小さじ1
塩	少量

4 蒸し茶碗にささ身、えび、しめじを入れ、②の卵液を静かに注ぐ。

蒸す

5 鍋に水を深さ1〜2cm入れ、火にかけて沸騰させる。火を止めて茶碗を並べ入れ、ふきんで包んだふたを少しずらしてのせる。再び中火にかけて煮立ったら弱火で10〜12分ほど蒸す。

中火 ●● → ● 弱火

6 表面が少しふくらんで、卵液に竹串をさして澄んだ汁が出てきたらできあがりの目安。みつばをのせ、火を止めたままふたをして1分ほど蒸らす。

厚焼き卵

カロリー **254kcal** 塩分 **1.3g**

お弁当に入っていた母の味を今度は自分で

材料 ＊2人分

卵	4個
A 酒	大さじ1
砂糖	大さじ1½
しょうゆ	小さじ1
塩	少量
サラダ油	適量
大根おろし	3cm（100g）
青じそ	2枚

表面が乾き始めたタイミングで
巻いていけばきれいな仕上がりに

Part 2 和風のおかず

厚焼き卵・だし巻き卵

下ごしらえ

1 ボウルに卵を割り入れ、カラザを取り除く。菜箸をボウルの底につけ、左右に動かして切るように溶きほぐす。Aを順に加えながら混ぜ合わせる。

酒	大さじ1
砂糖	大さじ1½
しょうゆ	小さじ1
塩	少量

焼く

2 卵焼き器にサラダ油を入れ、弱めの中火で十分に熱し、小さくたたんだペーパータオルで油を薄くなじませる。

弱めの中火

3 菜箸に卵液をつけ、少量たらしてジュッと音がしてかたまったら、卵液を一度かき混ぜてからお玉1杯分ほど流し入れ、鍋をまわして全体に広げる。表面がふくらんできたら、菜箸でつついて穴をあけ、空気を逃がす。

弱めの中火

4 表面が乾き始めたら卵の向こう側に菜箸を差し入れて手前に少し傾け、手前側に巻き込む。手前まできたら、空いた部分に油を薄く塗り、卵焼きを向こう側に滑らせ、手前の油のないところにも油を薄く塗る。

弱めの中火

5 残りの卵液を再びかき混ぜ、お玉1杯分ほど流し入れる。巻いた卵を菜箸で持ち上げてその下にも卵液を流し込む。

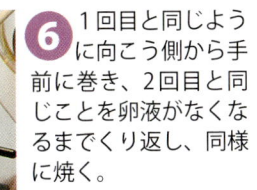

弱めの中火

6 1回目と同じように向こう側から手前に巻き、2回目と同じことを卵液がなくなるまでくり返し、同様に焼く。

弱めの中火

7 全部巻き終えたら、卵焼き器の手前に軽く卵焼きをおしつけて形を整え、取り出す。きれいな形にしたいときは、すだれに巻いてしばらくおき、形を整える。

弱めの中火

仕上げる

8 ひと肌に冷めたら食べやすく切って器に盛り、好みで、青じそ、大根おろしとしょうゆを添える。

だし巻き卵 *卵焼きをアレンジ*
● カロリー 152kcal
● 塩分 0.8g

だしが入る分、卵は少なめに。しっとり仕上がります

材料 ＊1本分

卵	3個
A だし	カップ½
酒	大さじ1
砂糖	大さじ½
しょうゆ	小さじ½
塩	少量
サラダ油	適量

作り方

❶ ボウルに卵を割り入れ、白身を切るようによく溶きほぐし、Aを入れ、泡立てないよう混ぜ合わせる。

❷ 卵焼き器にサラダ油を入れて弱火で十分に熱し、小さくたたんだペーパータオルで油を薄くなじませる。①の卵液をお玉1杯分ほど流し入れて巻き、また油を塗り卵液を流し入れる。厚焼き卵同様に繰り返して焼く。

❸ 食べやすい大きさに切って器に盛る。

揚げだし豆腐

カロリー 255kcal　塩分 1.4g

豆腐に片栗粉をまぶしたら、すぐに揚げればキレイに

材料＊2人分
- 絹ごし豆腐……1丁（300g）
- ししとう……6本
- 片栗粉……大さじ3
- つゆ
  - だし……カップ½
  - みりん、しょうゆ……各大さじ1
- 揚げ油……適量
- 大根……3cm（100g）
- 七味とうがらし（好みで）……適量

下ごしらえ

1 豆腐は1丁を4つに切り、ペーパータオルに包んで30～40分ほどおき、しっかり水きりをする。ししとうは竹串で穴をあける。

つゆを作る

2 鍋につゆのだしを中火で煮立て、残りのつゆの材料を加えてひと煮する。大根は皮をむいておろし、ざるにあげて水けを軽くきる。

中火

だし	カップ½
みりん	大さじ1
しょうゆ	大さじ1

揚げる

3 揚げ油を180℃に熱し、①の豆腐のペーパータオルをそっと取り除き、表面に片栗粉をまぶし、余分な粉をはたいて揚げ油に入れる。

揚げ油180℃

4 表面がかたまるまで触らず、かたまったらそっと返して4分ほど揚げる。豆腐がふくらんだら揚げ上がりの目安。次にししとうを入れてさっと揚げ、色が鮮やかになったら取り出して油をきる。

揚げ油180℃

仕上げる

5 豆腐が揚がったら油をきって、ししとうと器に盛り合わせ、②のつゆをはって大根おろしをのせ、好みで七味とうがらしをふる。

Part 2 和風のおかず　揚げだし豆腐・ひじきの煮もの

ひじきの煮もの

煮汁がほとんどなくなればできあがり

カロリー 131 kcal　塩分 2.1 g

材料 ＊ 2人分

- 乾燥ひじき……………… 20g
- 油揚げ……………1枚（40g）
- にんじん………… 1/3本（50g）
- サラダ油…………… 大さじ1/2
- 煮汁
  - 水…………… カップ1/4
  - 酒、みりん、しょうゆ
    ………… 各大さじ1 1/2
  - 砂糖………… 小さじ1

下ごしらえ

1 ひじきはボウルに入れ、たっぷりの水を加え、30～40分かけてもどす。

2 ざるにあげ、流水で洗って汚れを取り除く。ざるの下からもペーパータオルを当ててしっかり水けをきる。

3 鍋に湯を沸かし、油揚げをさっとくぐらせて油抜きをする。ざるにあげ、水けを絞って縦半分に切り、横細切りにする。にんじんは皮をむき、3～4cm長さ、3～4mm幅の棒状に切る。

中火

炒め煮にする

4 フライパンにサラダ油を中火で熱し、にんじんを入れてさっと炒め、ひじき、油揚げを加えて炒め合わせる。油が回ったら煮汁の水を加える。

中火

| 水 | カップ1/4 |

5 再び煮立ったら、残りの煮汁の材料を順に加え、煮汁がほとんどなくなるまでときどき混ぜながら煮る。

中火

酒	大さじ1 1/2
みりん	大さじ1 1/2
しょうゆ	大さじ1 1/2
砂糖	小さじ1

ほうれん草のおひたし

水にとらずに冷ましておいしさアップ！

材料＊2人分
- ほうれん草……… 1束（150g）
- 水………………… 大さじ1
- しょうゆ………… 大さじ½
- 削り節…………… 適量

カロリー 20kcal　塩分 0.7g

下ごしらえ

❶ ほうれん草は根元の先端を切り落とし、根元に十文字に切込みを入れる。ボウルにたっぷりの水を入れて5分ほどおき、茎の間にある泥を落としてから水できれいに洗い、4～5cm長さに切って茎と葉にざっと分ける。

❷ 鍋にたっぷりの熱湯を中火で沸かし、茎の部分を入れてゆで、一瞬おいて葉を加える。ひと混ぜして再び沸騰したらざるに広げてあげ、あら熱をとる。

中火

割りじょうゆを作る

❸ ボウルに水、しょうゆを合わせて割りじょうゆを作る。

水	大さじ1
しょうゆ	大さじ½

仕上げる

❹ ほうれん草は水けを絞って器に盛り、③の割りじょうゆをかけ、削り節をのせる。

Part 2 和風のおかず

ほうれん草のおひたし・いんげんのごまあえ

いんげんのごまあえ

ごまを香ばしく炒れば料理上手のあえものに

材料 ＊ 2人分

さやいんげん
…………12〜13本（100g）
白すりごま………大さじ1
砂糖………………小さじ½
しょうゆ…………小さじ1

カロリー 43kcal　塩分 0.4g

下ごしらえ

① いんげんはヘタを切り落とし、3〜4cm長さに切る。

② 鍋にたっぷりの熱湯を中火で沸かし、塩少量（分量外）を加え、いんげんを入れて中火で2〜3分、やわらかくなるまでゆでる。ざるにあげて流水で冷まし、水けをよくきる。

中火

ごまを炒る

③ 鍋に白すりごまを入れて弱火で熱し、木べらで混ぜながら1〜2分炒ってすり鉢にあける。

弱火

あえる

④ すりこ木で混ぜ、形が7割ほど崩れるくらいまでする。

⑤ 砂糖、しょうゆを加えてざっと混ぜ、いんげんを加えてあえる。

砂糖	小さじ½
しょうゆ	小さじ1

小松菜と油揚げの煮びたし

しみじみおいしい、ほっとできる家庭の味

**油揚げは油抜きをして
煮汁をよくしみ込ませます**

カロリー **106**kcal　塩分 **2.0**g

Part 2 和風のおかず

小松菜と油揚げの煮びたし・なすの揚げびたし

材料 ＊2人分
- 小松菜 …………………… 1束（200g）
- 油揚げ …………………… 1枚（40g）
- 煮汁
  - 水 ……………………… カップ1/3
  - 酒、みりん …………… 各大さじ1
  - しょうゆ ……………… 大さじ1 1/2
- 削り節 …………………… 1袋（3g）

下ごしらえ

1 小松菜は根元の先端を切り落とし、根元に十文字に切り込みを入れて水できれいに洗い、3cm長さに切って茎と葉にざっと分けておく。

2 油揚げはさっと熱湯を通して油抜きをする。ざるにあげて水けを絞って縦半分、横1cm幅に切る。

煮る

3 鍋に煮汁を入れて中火で煮立て、油揚げ、小松菜の茎を入れ、落としぶたをして1分ほど煮る。

中火

水	カップ1/3
酒	大さじ1
みりん	大さじ1
しょうゆ	大さじ1 1/2

4 小松菜の葉を加え、落としぶたをしてさらに3分ほど煮る。

中火

5 落としぶたをとり、削り節を加えて全体を混ぜながらひと煮する。

中火

なすの揚げびたし
揚げたてを漬け汁につけて

● カロリー 280kcal　● 塩分 2.6g

＊野菜を変えてアレンジ

材料 ＊2人分
- なす ……………… 4個（320g）
- 漬けだれ
  - 水 ………………… カップ1/3
  - 酒、みりん、しょうゆ
    …………………… 各大さじ2
- しょうが（せん切り）
  …………………… 1かけ分
- 揚げ油 …………… 適量

作り方
❶ 鍋に漬けだれを入れて中火にかけ、ひと煮してみりん、酒のアルコール分をとばしてバットに入れる。
❷ なすはヘタを切り落とし、縦半分に切って皮に斜めに7～8mm間隔に切り込みを入れる。
❸ 揚げ油を180℃に熱し、切り口の水けをペーパータオルでふき取って皮を下にして入れる。色鮮やかになったら返し3～4分かけて揚げる。
❹ なすが色づき竹串がスーッと通るくらいになったら取り出して油をきり、熱いうちに❶の漬けだれにつけ、しょうがのせん切りをちらす。

カロリー	塩分
18kcal	0.8g

材料＊2人分

きゅうり	1本（100g）
塩蔵わかめ	15g
A 酢	大さじ1
砂糖、しょうゆ	各小さじ1
塩	少量

きゅうりとわかめの酢のもの

あるとよろこばれる、箸休めの定番メニュー

下ごしらえ

1 きゅうりはヘタを取って1〜2mm厚さの小口切りにする。ボウルに水カップ½、塩小さじ½（各分量外）を入れてきゅうりを加え、15分ほどつける。

2 わかめは手でもんで塩を洗い流し、水けを絞る。小鍋に熱湯を沸かし、わかめを一瞬つけて、冷水にとって冷ます。すぐに水けを絞って長さをそろえ、3cm長さの一口大に切る。

3 ①のきゅうりが透き通ってしんなりしたらざるにあげ、水けを軽く絞る。

あえる

4 小ボウルにAを混ぜ合わせ、砂糖と塩をよく溶かす。

酢	大さじ1
砂糖	小さじ1
しょうゆ	小さじ1
塩	少量

5 ボウルにわかめ、きゅうりを入れ、④を回し入れてあえる。

Part 2 和風のおかず

きゅうりとわかめの酢のもの・大根とにんじんの甘酢・オクラともずくの酢

カロリー 28kcal　塩分 1.7g

オクラともずくの酢
オクラともずくの食感を生かして

材料＊2人分

オクラ……………………1袋（80g）
もずく……………………1パック（80g）
A ┌ 水……………………大さじ3
　├ 酢……………………大さじ1½
　├ しょうゆ、砂糖
　│　　　　　　　　　　各大さじ½
　└ 塩……………………小さじ⅓

❶ オクラはガクの回りをきれいにそぎ取る。粗塩で軽くこすり、熱湯でさっとゆで、ざるにあげてすぐに冷水にとって冷ます。水けをきって1cm厚さの小口切りにする。

❷ もずくは食べやすい長さに切る。Aは混ぜ合わせておく。

❸ ボウルにもずく、オクラを入れ、Aであえて器に盛る。

カロリー 56kcal　塩分 2.2g

大根とにんじんの甘酢
塩で余分な水分を出してからあえます

材料＊2人分

大根…………………… ¼本（300g）
にんじん……………… ⅓本（50g）
塩………………………………適量
A ┌ 酢……………………大さじ1½
　├ 砂糖…………………大さじ1
　└ 塩……………………小さじ¼

❶ 大根、にんじんは4～5cm長さに切って皮をむき、繊維にそって大根は5mm幅の太めのせん切り、にんじんは大根よりやや細めのせん切りにする。

❷ それぞれジッパーつき保存袋に入れ、大根には塩小さじ½、にんじんには塩少量を加え、空気を抜いて口をしっかり閉じる。しんなりするまで30分ほどおく。

❸ 大根、にんじんをざるにあげて水けを軽く絞り、ボウルに入れて混ぜ合わせたAと合わせる。

きゅうりの浅漬け
まだらむきで見た目&しみ込みアップ！

材料＊2人分
きゅうり……………………2本（200g）
しょうが………………………1かけ
塩………………………………小さじ⅔
赤とうがらし……………………小1本

作り方
① きゅうりはピーラーでまだらに皮をむき、2cm長さのぶつ切りにする。しょうがは皮をむいて薄切りにする。赤とうがらしは種を取る。
② ポリ袋にきゅうり、しょうが、塩、赤とうがらしを入れて袋の上から軽くもみ、空気を抜いて口を閉じ、1時間ほどおく。水けを軽く絞って器に盛る。

カロリー 19kcal　塩分 1.4g

大根のしょうゆ漬け
箸休めに最適なさっぱり味漬けもの

材料＊2人分
大根……………………………⅓本（400g）
塩………………………………小さじ1
しょうゆ………………………大さじ2
酢………………………………大さじ1

作り方
① 大根は4cm長さに切って皮をむき、縦1cm幅の拍子木切りにする。
② ポリ袋に大根、塩を入れて袋の上から軽くもみ、空気を抜いて口を閉じ、1時間ほどおく。
③ 大根がしんなりしたら出てきた水けを捨て、しょうゆ、酢を加えて、再び空気を抜いて口を閉じ、1時間ほどおく。

カロリー 43kcal　塩分 4.7g

かぶの浅漬け
昆布のうまみと塩けがおいしさの素

材料＊2人分
かぶ……………………………2個（200g）
昆布（3cm角）…………………1枚
塩………………………………小さじ½
赤とうがらし（小口切り）………½本分

作り方
① かぶは茎を1cm程度残して葉を切り落とし、茎の汚れを取る。根は皮つきのまま縦半分に切り、3〜4mm厚さの半月切りにする。昆布は水でしめらせて細切りにする。
② 葉と茎は2〜3cm長さに切り、ざるに広げて熱湯を回しかけ、水にとって水けを絞る。
③ ポリ袋に①、②、塩、赤とうがらしを入れ、空気を抜いて口を閉じ、30分ほどおく。水けを軽く絞って器に盛る。

カロリー 33kcal　塩分 1.5g

Part 3

かんたん！おいしい！作ってみたい
洋風のおかず

洋風おかずは、ポテトコロッケやマカロニグラタンなど、
作ってみたいあこがれレシピがたくさんあります。
下ごしらえのコツを身につけるのが、おいしく作る第一歩です。

ロールキャベツ

とろとろキャベツからジュワッと煮汁がしみ出します

カロリー 230kcal　塩分 4.0g

材料＊2人分

キャベツ	8枚（600g）
A　合いびき肉	100g
玉ねぎ（みじん切り）	⅙個（30g）
冷たいごはん	50g
塩	小さじ⅓
こしょう	少量
水	カップ3
ローリエ	½枚
塩	小さじ1
こしょう	少量
楊枝	4本

弱火でじっくり煮込んで うまみをたっぷり引き出して

Part 3 洋風のおかず
ロールキャベツ・キャベツのマリネ

下ごしらえ

1 キャベツは芯のまわりに切り込みを入れる。
※キャベツは丸ごと1個使い、そのうちの8枚を使用。余ったゆでキャベツは下記の「キャベツのマリネ」に。

2 たっぷりの熱湯にまるごと入れ、途中、上下を返しながら一枚ずつていねいにはがしていく。しんなりとしたらざるにあげ、あら熱をとる。

肉だねを作る

3 ボウルにひき肉、玉ねぎ、残りのAの材料を全て入れ、手でよく練り混ぜる。4等分にし、丸めておく。

塩	小さじ⅓
こしょう	少量

肉だねを包む

4 ②のキャベツの軸はそぎ、葉を広げ、大小組み合わせて4つに分ける。

5 軸の部分をずらして重ね、中央に③の肉だね、そぎ取った軸をのせる。

6 キャベツの下側の軸を手前側に置き、ひと巻きして左右の順に肉だねを包む。

7 俵形に包み、巻き終わりを楊枝で止める。

煮る

8 鍋に水を入れて中火で煮立て、⑦の巻き終わりを下にして並べ入れる。塩、こしょう、ローリエを加え、ふたをする。途中何度か上下を返しながら弱火で30〜40分煮る。

中火 ●● → 弱火

塩	小さじ1
こしょう	少量
ローリエ	½枚

あまったキャベツでもう1品

キャベツのマリネ
ドレッシングは塩が溶けるまでしっかり混ぜましょう
● カロリー 75kcal ● 塩分 1.2g

材料＊2人分
キャベツ（ゆでたもの）……3枚
A ┌ 練りがらし ………小さじ1
　├ 砂糖 ……………小さじ½
　├ 塩 ………………小さじ⅓
　└ 酢、サラダ油…各大さじ½

作り方
❶ ボウルにAを入れて混ぜ合わせ、ざく切りにしたキャベツを加えてあえる。

さけのバター焼き

いつもの焼き魚を洋風にアレンジ！ 食卓が華やぎます

始めに塩をして味をなじませてから
水けをふけば、パリッと焼けます！

カロリー **205**kcal　塩分 **1.8**g

Part 3 洋風のおかず

さけのバター焼き

材料 ＊ 2人分

さけ	2切れ（200g）
塩	小さじ½
こしょう	少量
サラダ油	小さじ1
バター	大さじ1
レモン（くし形切り）、パセリ	各適量

下ごしらえ

1 さけは塩を両面にまんべんなくふり、10分ほどおいて味をなじませる。

塩	小さじ½

2 出てきた水けは、ペーパータオルでふき取り、こしょうをふる。

こしょう	少量

焼く

3 フライパンにサラダ油を中火で熱し、バターを入れる。すぐにさけを盛ったときに表になるほう（皮のほう）を下にして入れ、2～3分焼く。

中火

バター	大さじ1

4 きれいな焼き色がついたら返して1分ほど焼き、中まで火を通す。

中火

仕上げる

5 器に盛り、レモンとパセリを添える。

おいしくなるコツ

● 焼き魚は盛りつけるときに、表になるほうから焼くときれいに仕上がります。

● ③で落しぶたをすると火の通りが早くなり、身の反り返りも防いでくれます。

ポテトコロッケ

じゃがいもを粉ふきにしてほっこほこのコロッケに

カロリー 640kcal　塩分 2.1g

材料＊2人分	
じゃがいも	2個（300g）
合いびき肉	100g
玉ねぎ	½個（100g）
ベビーリーフ	1袋（35g）
サラダ油	大さじ½
塩	小さじ⅓
こしょう	少量
衣	
小麦粉	適量
溶き卵	1個分
パン粉	適量
揚げ油	適量
中濃ソース	適量

小麦粉をしっかりつけると
衣がはがれず、きれいに仕上がります

下ごしらえ

1 じゃがいもは皮をむき、大きめの一口大に切る。鍋に入れ、かぶるくらいの水を加え、ふたをして中火にかける。沸騰したらふたを少しずらして、竹串がスーッと通るまで15分ほどゆでる。

中火

2 玉ねぎはみじん切りにする。ベビーリーフは洗ってざるにあげる。

具材を炒める

3 フライパンにサラダ油を熱し、玉ねぎを入れて中火で炒める。

中火

4 玉ねぎが透き通ってきたら、ひき肉を加え、肉をほぐすように炒める。色が変わったら、塩、こしょうをふり、炒め合わせる。

中火

塩	小さじ1/3
こしょう	少量

具材をつぶす

5 ①のじゃがいものゆで汁を捨て、弱火にかけて粉をふかせ、水けをとばす。

弱火

6 ボウルにあけ、マッシャー（またはフォーク）でつぶし、④を加えてゴムべらで混ぜ合わせる。

成形して揚げる

7 ⑥を4等分にし、小判形に成形する。

8 衣の小麦粉をしっかりとまぶし、余分な粉をはたき落す。溶き卵をつけ、パン粉をしっかりまぶす。

9 170℃の揚げ油に⑧を入れ、2分ほどしてまわりがかたまってきたら上下を返す。さらに2〜3分、静かに返しながら、きつね色になり、中まで熱くなるように揚げて油をきる。

揚げ油 170℃

仕上げる

10 器に盛ってベビーリーフを添え、ソースをかける。

Part 3 洋風のおかず ポテトコロッケ

えびフライ

子どものときに食べたごちそうを今度は作ってあげる番

カロリー **434** kcal　塩分 **1.5** g

形よく揚げるには
えびの腹側に切り込みを入れて

Part 3 洋風のおかず えびフライ

(材料 ＊ 2人分)

大正えび（無頭）………… 4本（150g）
塩、こしょう………………………各少量
衣
　┌ 小麦粉……………………………適量
　│ 溶き卵……………………………1個
　└ パン粉……………………………適量
揚げ油………………………………適量

タルタルソース
　┌ 玉ねぎ（みじん切り）……大さじ1
　│ ゆで卵（みじん切り）………½個
　│ パセリ（みじん切り）……小さじ1
　│ マヨネーズ…………………大さじ4
　└ レモン汁……………………………少量
レモン（半月切り・幅約1cm）……2枚

下ごしらえ

❶ えびは、尾と1節分を残して殻をむく。

❷ えびを丸めて背中に竹串を浅く刺し、背ワタを取り除く。

❸ 腹側に浅い切り目を数本入れる。縮まないように軽くのばし、まっすぐにする。

❹ 尾先の中の水分を包丁の背でしごき出す。キッチンペーパーで水けをふき取り、塩、こしょうをふる。

| 塩 | 少量 |
| こしょう | 少量 |

タルタルソースを作る

❺ ボウルにタルタルソースの玉ねぎ、ゆで卵、パセリを入れ、マヨネーズを加えて混ぜ合わせ、レモン汁で調味する。

| マヨネーズ | 大さじ4 |
| レモン汁 | 少量 |

衣をつける

❻ ④に衣の小麦粉をまぶし、余分な粉を落とす。溶き卵をつけ、パン粉をしっかりとまぶす。

揚げる

❼ 180℃の揚げ油にえびを静かに入れる。衣がきつね色になるまで3～4分カラリと揚げ、油をきる。

揚げ油 **180℃**

仕上げる

❽ 器にえびフライを盛り、⑤のタルタルソースをかけ、レモンを添える。

チキンカレー

みんなが大好き定番メニューをしっかりマスター

カロリー **632kcal**　塩分 **4.2g**

玉ねぎをじっくり炒めて
コクのある本格的なカレーに

材料＊4〜5人分

- 鶏もも肉………2枚（500〜600g）
- A
  - 塩………小さじ1
  - こしょう………少量
- 玉ねぎ………2個（400g）
- トマト………1個（160g）
- りんご………¼個（50g）
- にんにく、しょうが……各1かけ
- サラダ油………大さじ3
- カレー粉………大さじ2
- 小麦粉………大さじ5
- 水………カップ5
- ローリエ………1枚
- B
  - 塩、しょうゆ……各小さじ2
  - ウスターソース……小さじ1
  - トマトケチャップ…大さじ1
  - ガラムマサラ………小さじ2

下ごしらえ

1 玉ねぎは繊維にそって薄切りにする。トマトはヘタを取り、1cm角に切る。りんごは皮ごとすりおろす。にんにく、しょうがは皮をむいてすりおろす。

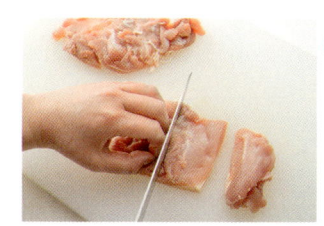

2 鶏肉は余分な脂を取り除き、大きめの一口大に切る。

炒めて煮る

3 鍋にサラダ油大さじ2½を熱し、①の玉ねぎを入れて強火で水分をとばすように炒める。

4 かさが減ったら弱火にし、じっくり炒める。木べらで混ぜながら鍋底が薄く色づいたら水少量（分量外）をふる。玉ねぎに焦げ色をからませるようにしながらあめ色になるまで弱火で1時間ほど炒める。

弱火

5 炒めた玉ねぎを端によせ、にんにく、しょうがを加えて香りが出るまで炒める。

弱火

6 カレー粉を加えて炒め、香りが出たら小麦粉を加える。鍋底をこすりながら2〜3分炒める。

カレー粉	大さじ2
小麦粉	大さじ5

弱火

7 水を加えて強火にし、木べらで鍋底をこすりながら煮立てる。

強火

8 ②の鶏肉にAをふる。フライパンにサラダ油大さじ½を強めの中火で熱し、皮を下にして入れる。両面をさっと炒める。

塩	小さじ1
こしょう	少量

強めの中火

9 ⑦の鍋に⑧、トマト、ローリエを順に加え、煮立ったらアクを取る。中火にし、ときどき混ぜながら10分ほど煮る。

ローリエ	1枚

中火

10 すりおろしたりんご、Bを順に加えて調味する。弱火で味がなじむまでさらに10分ほど、底から混ぜながら煮込む。

塩	小さじ2
しょうゆ	小さじ2
ウスターソース	小さじ1
トマトケチャップ	大さじ1
ガラムマサラ	小さじ2

チキンソテー

シンプルな料理だからこそ、しっかりていねいに作りたい

余分な油をふきとって皮はパリッ！
中はしっとりジューシーに

カロリー 402kcal　塩分 1.7g

Part 3 洋風のおかず

チキンソテー

材料 ＊ 2人分
鶏もも肉·················2枚（400g）
塩·······························小さじ½
こしょう·························少量
サラダ油·······················大さじ½
レタス·················2枚（80〜100g）
ミニトマト·························4個

下ごしらえ

① 鶏肉は余分な脂を取り除き、塩、こしょうをふる。

塩	小さじ½
こしょう	少量

② レタスはざく切りにし、冷水に5分ほどさらして水けをきる。

焼く

③ フライパンにサラダ油を中火で熱し、鶏肉を皮を下にして入れる。

中火

④ 落としぶたで押さえながら弱めの中火で6〜7分焼き、きれいな焼き色をつける。

弱めの中火

⑤ 途中、出てきた脂をペーパータオルでふき取り、さらに1分ほど焼く。

弱めの中火

⑥ 落としぶたを取り、上下を返して2分ほど焼き、中まで火を通す。

弱めの中火

仕上げる

⑦ 器に鶏肉を盛り、レタス、きれいに洗ったミニトマトを添える。

おいしくなるコツ

①で鶏臭さの原因である余分な脂を取り除いて雑味をなくします。

④で落としぶたをすることで鶏肉にムラなく火が通ります。

材料＊2人分

レタス……………… 2枚（80g）
きゅうり…………… 1本（100g）
玉ねぎ……………… ¼個（50g）
ドレッシング
　塩………………… 小さじ⅓
　こしょう………… 少量
　酢………………… 大さじ1
　サラダ油………… 大さじ2
レモン汁…………… 少量

カロリー 135kcal　塩分 1.0g

グリーンサラダ

サラダをおいしく作れる人は料理上手！

下ごしらえ

① レタスは冷水に5分ほどさらしてシャキッとさせる。

② 水けをよくきり、一口大にちぎる。

③ きゅうりは約3mm厚さの小口切りにする。玉ねぎは縦薄切りにし、ともに冷水に5分ほどさらしてシャキッとさせる。

ドレッシングを作る

④ 小ボウルにドレッシングの材料を上から順に入れて塩を溶かすようによく混ぜ合わせ、サラダ油を少しずつ加えてのばす。味をみてレモン汁を加える。

塩	小さじ⅓
こしょう	少量
酢	大さじ1
サラダ油	大さじ2
レモン汁	少量

あえる

⑤ ボウルに水けをよくきったレタス、きゅうり、玉ねぎを入れ、④のドレッシングであえる。

ドレッシング

混ぜるだけのかんたんドレッシング。レシピ通りに作れば失敗なし！

Part 3 洋風のおかず／グリーンサラダ・ドレッシング3種

サウザンアイランド

ケッパーやピクルスを加えて本格的な味に

●カロリー 92kcal　●塩分 0.6g

材料＊2人分
ドレッシング
- マヨネーズ………大さじ2
- トマトケチャップ…大さじ1
- 玉ねぎ、ケッパー、ピクルス（各みじん切り）
  ………………各大さじ½

作り方
① ボウルにドレッシングの材料を入れてよく混ぜ合わせる。

玉ねぎドレッシング

玉ねぎはすりおろすことでおいしさが格段にUP

●カロリー 116kcal　●塩分 1.0g

材料＊2人分
ドレッシング
- 玉ねぎ（すりおろす）
  ………………大さじ1
- 塩………………小さじ⅓
- こしょう………………少量
- 酢………………大さじ1
- サラダ油………………大さじ2

作り方
① ボウルにドレッシングのサラダ油以外の材料を入れ、塩を溶かすように混ぜ合わせる。サラダ油を少しずつ加えて溶きのばす。

和風ドレッシング

隠し味に砂糖を加えて味をまとめます

●カロリー 77kcal　●塩分 1.7g

材料＊2人分
ドレッシング
- しょうゆ、白いりごま
  ………………各大さじ1
- 酢………………小さじ2
- 砂糖………………小さじ1
- ごま油………………小さじ2
- 塩………………少量

作り方
① ボウルにドレッシングの材料を入れてよく混ぜ合わせる。

ビーフステーキ

特別な日にきちんと作ってあげたい一品

材料＊2人分
- 牛もも肉（ステーキ用）……2枚（1枚100〜150g）
- 塩……適量
- 粗びき黒こしょう……少量
- じゃがいも……1個（150g）
- にんにく……1かけ
- サラダ油……大さじ2
- バター……大さじ½
- クレソン……適量

カロリー 462kcal　塩分 1.2g

下ごしらえ

1 牛肉は焼く1時間前に冷蔵室から出して常温におく。

2 じゃがいもはよく洗い、皮つきのまま8〜10等分のくし形に切る。耐熱皿に入れ、ラップをして電子レンジ（500W）で2分加熱する。出てきた水けはふき取る。にんにくは薄切りにし、芽を取る。

つけ合わせを焼く

3 フライパンにサラダ油を弱めの中火で熱し、じゃがいも、にんにくを入れる。にんにくは薄く色づきパリッとしたら取り出す。じゃがいもは表面がカリッと色づき、中までやわらかくなるように6〜7分揚げ焼きにし、取り出す。

弱めの中火

肉を焼く

4 牛肉に塩、粗びき黒こしょうを両面にまんべんなくふる。

塩	小さじ½
粗びき黒こしょう	少量

5 ③のフライパンに、油大さじ½を残して牛肉を入れ、バターを加える。強めの中火で2分ほど焼き、きれいな焼き色がついたら返し、2分ほど焼く（焼き具合はお好みで）。

バター	大さじ½

強めの中火

仕上げる

6 器に盛り、③のにんにくチップとじゃがいも、クレソンを添える。じゃがいもに塩少量をふり、好みでマスタードを添える。

塩	少量

ラタトゥイユ

弱火でことこと、野菜の水分だけで煮込みます

材料 * 2〜3人分

なす	3個 (300g)
ズッキーニ	1本 (150g)
玉ねぎ	1個 (200g)
ピーマン	2個 (80g)
黄パプリカ	1個 (200g)
トマト	2個 (360g)
にんにく	小1かけ
オリーブ油	大さじ2
塩	小さじ1 1/3
こしょう	少量

カロリー 176kcal　塩分 2.6g

下ごしらえ

1 なすとズッキーニはヘタを取って約2cm幅の輪切りにする。玉ねぎは皮をむいて2cm角に切る。ピーマンとパプリカは縦半分に切ってヘタと種を取り、2cm角に切る。

2 トマトはヘタを取って6等分のくし形に切り、横半分に切る。にんにくは縦半分に切って芽を取り、包丁の腹でつぶす。

炒めて煮る

3 鍋にオリーブ油を弱火で熱し、にんにくを炒める。香りが出たら玉ねぎを加えて中火で2〜3分炒め、なす、ズッキーニ、パプリカ、ピーマンの順に、その都度2〜3分ずつ炒めながら加えていく。

弱火 → 中火

4 トマトを加え、塩、こしょうで調味する。

塩	小さじ1 1/3
こしょう	少量

中火

5 フタをして弱火にし、焦げないようにときどき底から混ぜながら野菜が完全にやわらかくなるまで30〜40分煮る。

弱火

6 火を止めて味をなじませる。

白身魚のカルパッチョ

ちょっぴりリッチに、フレッシュなおいしさを味わって

身から水分が出てしまうので
塩は食べる直前にふります

カロリー 174kcal　塩分 0.7g

Part 3 洋風のおかず

白身魚のカルパッチョ・まぐろのカルパッチョ

まぐろのカルパッチョ
白身魚より少し厚めに切って食べごたえアップ
- カロリー 169kcal
- 塩分 0.9g

🌟 魚を変えてアレンジ

材料＊2人分
まぐろ（刺身用）	120g
万能ねぎ（小口切り）	適量
ドレッシング	
ピクルス（みじん切り）	小さじ2（10g）
マヨネーズ	大さじ2
ヨーグルト	大さじ1
レモン汁	大さじ½
砂糖	小さじ½
塩、こしょう	各少量

作り方
❶ まぐろは約5mm厚さの薄切りにする。器に平らに盛り、ラップをかけて冷蔵室で冷やしておく。
❷ ボウルにドレッシングの材料を入れて混ぜ合わせる。
❸ 食べる直前にドレッシングをかけ、万能ねぎを散らす。

食材memo ディルってなに？
やわらかな細い葉が特徴のハーブで、さわやかな香りが魚の生臭さを消してくれます。特にマリネやカルパッチョなどの魚料理に相性のよい食材です。ほかにもドレッシングやマヨネーズに風味づけとして加えることも。

材料＊2人分
鯛（刺身用）	120g
ディル	適量
粗塩	小さじ¼
粗びき黒こしょう	少量
オリーブ油	大さじ1
レモン汁	小さじ2

下ごしらえ
❶ ディルはさっと洗ってざるにあげ、水けをきる。

❷ 鯛は包丁全体を使って2〜3mmの薄いそぎ切りにする。

❸ 器に少しずつ重ねながら平らに盛り、ラップをして冷蔵室で冷やしておく。

仕上げる
❹ 食べる直前に粗塩、粗びき黒こしょう、オリーブ油、レモン汁を順に全体にふり、ディルを散らす。

粗塩	小さじ¼
粗びき黒こしょう	少量
オリーブ油	大さじ1
レモン汁	小さじ2

マカロニグラタン

熱々&トロ〜リをおうちで食べたいほくほくグラタン

カロリー **503**kcal　塩分 **2.9**g

冷たい牛乳を一気に注げば
ホワイトソースが上手に作れます

材料＊2人分

マカロニ	50g
玉ねぎ	1/3個（70g）
マッシュルーム	1パック（100g）
むきえび	100g
サラダ油	大さじ1/2
白ワイン	大さじ1
塩、こしょう	各少量

ホワイトソース
- バター、小麦粉……各大さじ2
- 牛乳……カップ2
- 塩……小さじ1/2
- こしょう……少量

- パン粉……大さじ2（6g）
- パルメザンチーズ……大さじ1
- バター……大さじ1/2

Part 3 洋風のおかず　マカロニグラタン

下ごしらえ

1 玉ねぎは薄切り、マッシュルームは5mm厚さの薄切りにする。えびは背ワタがあれば取る。片栗粉大さじ½（分量外）をまぶしてもみ、水できれいに洗い落とし、ペーパータオルで水けをふき取る。

具材を炒める

2 フライパンにサラダ油を中火で熱し、玉ねぎを1分ほど炒める。マッシュルームを加えてしんなりとするまで炒め、さらにえびを加えてさっと炒める。

中火 ●●

3 えびの色が変わったら、白ワイン、塩、こしょうをふり、火からおろす。

白ワイン	大さじ1
塩	少量
こしょう	少量

中火 ●●

ゆでる

4 鍋に水カップ3を沸かし、塩小さじ1（各分量外）を加えてマカロニを入れる。マカロニがくっつかないよう2〜3分かき混ぜ、袋の表示時間より少し長めにゆでる。箸でつまんで指に挟み、抵抗なく折り曲げられるくらいのやわらかさがちょうどよい。ざるにあげ、ラップをして乾燥を防ぐ。

中火 ●●

ホワイトソースを作る

5 鍋にバターを入れて弱火にかけ、溶けてきたら、小麦粉を加えて木べらで混ぜながら炒める。フツフツと花が咲いたような状態になったら火からおろす。

| バター | 大さじ2 |
| 小麦粉 | 大さじ2 |

弱火 ●

6 冷たい牛乳を一気に注ぎ入れ、再び中火にかける。とろみがついて煮立つまで焦げないよう、よくかき混ぜながら煮る。

中火 ●●

7 ③、④を加えて混ぜ合わせ、塩、こしょうで調味する

| 塩 | 小さじ½ |
| こしょう | 少量 |

中火 ●●

オーブンで焼く

8 グラタン皿に⑦を等分に入れ、パン粉、パルメザンチーズをふり、7mm角に切ったバター大さじ½を散らす。

| バター | 大さじ½ |

9 220℃のオーブンで15〜20分焼いて焼き色をつける。

オムレツ

上手にできればちょっぴり幸せな気分に

カロリー **349**kcal 塩分 **2.0**g

半熟状態で形を整えれば
ふんわりときれいな形に

Part 3 洋風のおかず オムレツ

材料 ＊2人分

卵	4個
A　塩、こしょう	各少量
サラダ油	適量
バター	小さじ2
トマト	小1個（120g）
塩、こしょう	各少量
トースト（好みで）	2枚

下ごしらえ

1 トマトはヘタを取り、横半分に切る。

2 ボウルに卵を割り入れ、Aを加えて溶きほぐす。

塩	少量
こしょう	少量

1人分ずつ焼く

3 小さめのフライパンにサラダ油小さじ1を中火で熱し、バター小さじ1を加え、溶けきる手前で卵液を半量流し入れる。

中火

バター	小さじ1

4 箸で少しかき混ぜ、半熟状態になったらフライパンの向こう側に寄せる。

中火

5 フライ返しを使ってオムレツを向こう側に寄せて形を整え、器に返して盛る。残りも同様に焼く。

中火

つけ合わせを焼く

6 フライパンをきれいにし、サラダ油少量を足して中火で熱し、トマトを入れて両面をさっと焼く。塩、こしょうをふり、⑤に添える。好みで焼いたトーストを添えても。

中火

塩	少量
こしょう	少量

スクランブルエッグ

卵はフォークで混ぜると白身が切れやすくなります

材料＊2人分
- 卵……………………4個
- 塩、こしょう………各少量
- サラダ油、バター……各小さじ2
- パセリ………………適量

カロリー 219kcal　塩分 1.0g

下ごしらえ

1 ボウルに卵を割り入れ、塩、こしょうを加えて溶きほぐす。

塩	少量
こしょう	少量

焼く

2 フライパンにサラダ油を中火で熱し、バターを加えてすぐに卵液を流し入れる。

バター	小さじ2

中火

3 木べらを大きく動かしてかき混ぜ、かたまり始めたら弱火にして半熟状に火を通す。

弱火

4 卵がふんわりとかたまり、少しとろりとしたところが残っている程度で火を止める。

仕上げる

5 2等分し、器にそれぞれ盛りつけ、きれいに洗ったパセリを添える。

Part 3 洋風のおかず
スクランブルエッグ・ゆで卵・温泉卵

ゆで卵
熱湯からゆでてむきやすく

材料 ＊ 2人分
卵‥‥‥‥‥‥‥‥‥‥2個

カロリー 76kcal　塩分 0.2g

おいしくなるコツ
- 好みのゆで加減にしたいなら？
  半熟…**7分**
  かための半熟…**9分**
  かたゆで…**13分**
- 水からゆでるより、熱湯からゆでた方が殻がむきやすくなります。

ゆでる

1 鍋に卵がかぶる程度の熱湯を沸かし、卵を静かに入れる。1分ほど箸で静かに混ぜながら、ふたをせずに13分ほどゆでる。

中火

水にとって仕上げる

2 水にとって殻をむきやすくするためにひびを入れる。水の中で殻をむく。

温泉卵　●カロリー 87kcal　●塩分 0.9g
とろっとろの温泉卵はお湯の温度と時間がポイント

あまった卵でもう1品

材料 ＊ 2人分
卵‥‥‥‥‥‥‥‥‥‥2個
たれ
　┌ だし‥‥‥‥カップ¼
　│ みりん、しょうゆ
　└ ‥‥‥‥‥各大さじ½
万能ねぎ（小口切り）・適量
しょうが（すりおろす）
‥‥‥‥‥‥‥‥‥‥少量

作り方
❶ 卵は室温にもどしておく。
❷ 鍋に水1ℓを75℃にわかす。火を止めて卵を静かに入れ、ふたをして鍋のまわりをタオルでくるみ、25分ほどおく。
❸ 水にとって冷やす。
❹ 鍋にたれを煮立てあら熱をとる。
❺ 器に③を静かに割り入れて④をかけ、万能ねぎ、しょうがをのせる。

目玉焼き

蒸し焼きにすればかんたん♪ 料理上手の目玉焼き

材料＊2人分
卵	2個
塩、こしょう	各少量
ベーコン	2枚
サラダ油	少量
ミニトマト	2個
きゅうり（薄切り）	6枚

カロリー 173kcal　塩分 1.1g

ベーコンを焼く

1 フライパンにサラダ油少量を弱火で熱し、ベーコンを入れる。両面を2分ほどずつ焼き、器に盛る。

弱火

1人分ずつ焼く

2 ①のフライパンをペーパータオルできれいにし、火にかけてサラダ油少量を薄くペーパータオルでのばす。

中火

3 卵を割り入れる（器に入れて流し入れると黄身がくずれにくい）。

中火

4 水大さじ½（分量外）を卵のまわりに静かにそそいでふたをする。

中火

5 弱火で1～2分蒸し焼きにする。好みの焼き加減のところで塩、こしょうをふり、①の器に盛る。残りも同様に焼き、トマト、きゅうりを添える。

弱火

塩	少量
こしょう	少量

110

Part 4

かんたん！おいしい！作ってみたい
中華風・韓国風のおかず

麻婆豆腐、シュウマイ、プルコギなど、みんなが大好きなレシピを集めました。
火加減や合わせだれなどのコツを覚えるのがポイントです。
お店の味を、今日から我が家の味に！

麻婆豆腐

本格的な味でちょっとびっくりさせてみて

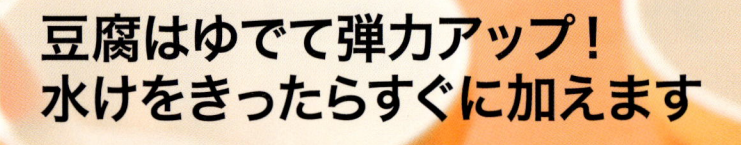

カロリー 325kcal　塩分 2.9g

豆腐はゆでて弾力アップ！
水けをきったらすぐに加えます

Part 4 中華風・韓国風のおかず

麻婆豆腐

材料 ＊2人分

絹ごし豆腐	1丁（300g）
豚ひき肉	100g
にんにく（みじん切り）	小さじ1
ねぎ（みじん切り）	大さじ3（⅓本）
花椒（ホワジャオ）（粒）	小さじ¼
A｛ 片栗粉	大さじ1
水	大さじ2
サラダ油	大さじ1
豆板醤	小さじ½～1
テンメンジャン	大さじ1
水	カップ1
酒、しょうゆ	各大さじ1
塩	小さじ¼
こしょう	少量
ごま油	小さじ1

下ごしらえ

1 にんにく、ねぎはみじん切りにする。花椒は手で細かく潰す。

2 豆腐は1.5㎝角に切る。鍋に水カップ4、塩小さじ½（各分量外）を入れ、沸騰したら豆腐を入れて2～3分ゆでる。Aは溶いておく。
中火
| 片栗粉 | 大さじ1 |
| 水 | 大さじ2 |

炒める

3 フライパンにサラダ油を弱めの中火で熱し、にんにく、花椒を入れて香りが出るまで炒める。
弱めの中火

食材memo　花椒（ホワジャオ）って？
中国産の山椒（さんしょう）の果皮。日本産のものとは若干成分が異なり、独特の香りと特有の痺れるような辛さが特徴です。四川料理によく使われ、麻婆豆腐や担担麺などに入れると一気に本格的な味わいになります。

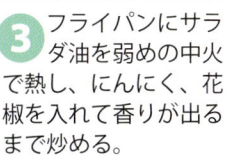

4 ひき肉を加えて強めの中火にし、よく炒める。ひき肉の色が変わったら中央をあけて豆板醤を加えてよく炒める。
強めの中火
| 豆板醤 | 小さじ½～1 |

5 豆板醤の香りが出たら、テンメンジャンを加えて炒め合わせ、水を加えてひと煮立ちさせる。
強めの中火
| テンメンジャン | 大さじ1 |
| 水 | カップ1 |

6 ②の豆腐をざるにあげてすぐに加えて中火にする。酒、しょうゆを鍋肌から加え、塩、こしょうをふって1～2分煮る。
中火
酒	大さじ1
しょうゆ	大さじ1
塩	小さじ¼
こしょう	少量

7 ねぎを加え、Aを混ぜながら加える。豆腐を崩さないようにゆっくり混ぜて1分ほど煮、ごま油を回し入れて火を止める。
中火
| ごま油 | 小さじ1 |

春巻き

カロリー **473**kcal　塩分 **1.9**g

熱々をふうふう言いながらいっしょに食べたい

低温でじっくり揚げれば
焦げずにきれいな仕上がりに

Part 4 中華風・韓国風のおかず

春巻き

材料 ＊2～3人分

春巻きの皮	10枚	
豚もも肉	100g	
A [酒、しょうゆ	各小さじ1	
片栗粉	小さじ½	
春雨	30g	
ゆでたけのこ	½本(120g)	
生しいたけ	3枚	
B [酒	大さじ½	
しょうゆ、水	各大さじ1	
砂糖	小さじ1	
こしょう	少量	
サラダ油	大さじ1	
C [片栗粉	小さじ1	
水	小さじ2	
D [小麦粉	大さじ1	
水	大さじ½	
揚げ油	適量	
練りがらし、酢、しょうゆ	各適量	

下ごしらえ

1 豚肉はせん切りにしてボウルに入れ、Aを加えてもみ込む。

酒	小さじ1
しょうゆ	小さじ1
片栗粉	小さじ½

2 春雨は熱湯につけて5分ほどおき、もどしてざるにあげ、5～6cm長さに切る。たけのこはせん切りにして水からさっとゆで、ざるにあげて水けをきる。しいたけはせん切りにする。Bは混ぜ合わせておく。

酒	大さじ½
しょうゆ	大さじ1
水	大さじ1
砂糖	小さじ1
こしょう	少量

具材を炒める

3 フライパンにサラダ油を中火で熱し、豚肉を入れて炒める。色が変わったらしいたけ、たけのこ、春雨を順に加えながら炒め合わせる。

中火

4 すぐにBを加えて味をつける。Cの水溶き片栗粉でつないでバットにあけて冷まし、10等分する。

中火

具材を包む

5 ボウルにDを入れ、練り合わせる。春巻きの皮を広げて④の具を⅒量のせ、包むようにして巻き、端にDをつけて止める。2本目からは1本目の幅に合わせて巻く。

小麦粉	大さじ1
水	大さじ½

揚げる

揚げ油 150℃

6 揚げ油を低温（150～160℃）に熱して⑤を入れ、中火で7～8分、途中、上下を返し皮が香ばしくパリッとなるまで揚げる。色が薄いようなら少し火を強め、きつね色になるまで揚げる。油をきって器に盛り、練りがらし、しょうゆ、酢を添える。

野菜炒め

シャキシャキ野菜と肉のうまみを味わって

仕上がりが水っぽくならないよう
強火で一気に仕上げます

カロリー **291**kcal　塩分 **3.2**g

Part 4 中華風・韓国風のおかず　野菜炒め

材料 ＊ 2人分

豚こま切れ肉	150g
A　塩、こしょう	各少量
キャベツ	2枚（150g）
もやし	½袋（100g）
にんじん	⅓本（50g）
ピーマン	1個（40g）
サラダ油	大さじ1
にんにく、しょうが（薄切り）	各½かけ分
酒	大さじ1
しょうゆ	大さじ½
塩	小さじ⅔
こしょう	少量

下ごしらえ

1 豚肉は大きいものは食べやすい大きさに切り、Aをふる。

塩	少量
こしょう	少量

2 キャベツは一口大に切り、軸は縦薄切りにする。もやしはひげ根を取る。にんじんは皮をむいて3mm厚さの半月切りにする。ピーマンは縦半分に切って種とヘタを取り、横3等分にする。

炒める

3 フライパンにサラダ油を弱火で熱し、にんにく、しょうがを入れて炒める。

弱火

4 香りが出たら豚肉を入れて強めの中火にし、焼きつけるようにして炒める。

強めの中火

5 豚肉の色が変わったら中火にし、にんじん、キャベツ、ピーマン、もやしを順に入れ、水けが出ないように炒める。

強火

6 野菜がしんなりしたら、鍋肌から酒、しょうゆを加え、塩、こしょうを全体にふり入れて炒め合わせる。

強火

酒	大さじ1
しょうゆ	大さじ½
塩	小さじ⅔
こしょう	少量

シュウマイ

カロリー **324** kcal　塩分 **2.1** g

敷いたキャベツもいっしょにいただきます

春雨を加えてふんわり食感
フライパンを使ったかんたん蒸し

Part 4 中華風・韓国風のおかず シュウマイ

材料 ＊4人分

シュウマイの皮	1袋（24枚）
豚ひき肉	300g
A 酒	小さじ2
塩、砂糖	各小さじ1
こしょう	少量
ごま油	小さじ2
玉ねぎ	1個（200g）
片栗粉	大さじ2
春雨	30g
キャベツ	3～4枚
しょうゆ、練りがらし（好みで）	各適量

下ごしらえ

① 玉ねぎはみじん切りにする。春雨は熱湯でもどし、ざるにあげて水けをよくきり、1cm長さに切る。

具材を作る

② ボウルにひき肉を入れ、Aを加えて手で粘りが出るまで練り混ぜる。

酒	小さじ2
塩	小さじ1
砂糖	小さじ1
こしょう	少量
ごま油	小さじ2

③ 玉ねぎに片栗粉をまぶして②に加え、春雨も加えて混ぜ合わせる。ざっくりと8等分に分ける。

具材を皮で包む

④ 親指と人差し指、中指で筒の形をつくり、シュウマイの皮をのせて③のあんの8等分した⅓量をのせる。スプーンの背であんを押し込むようにして包み、表面を平らにならす。まな板において底を平らに整える。

半量ずつ蒸す

⑤ キャベツの葉は2～3等分にする。フライパンに半量を敷き、上に④の半量を並べ入れる。水カップ⅔（分量外）を淵から注いでふたをし、強火にかける。煮立ったら弱めの中火にし、8分ほど蒸す。残りも同様に蒸す。

強火 ●●● → ●● 弱めの中火

仕上げる

⑥ 器に⑤のシュウマイを盛ってキャベツを添え、好みでしょうゆ、練りがらしを添える。

バンバンジー

ごまの風味が香る、みんなが大好きな味

余熱でゆっくり火を通すことで
しっとりジューシーな仕上がりに

カロリー 360kcal
塩分 2.3g

Part 4 中華風・韓国風のおかず

バンバンジー・かき玉汁

材料＊2人分

- 鶏むね肉 …………… 1枚（250g）
- 水 …………………… カップ4
- ねぎ（青い部分） …… 5cm
- しょうがの皮 ………… 少量
- 塩 …………………… 小さじ½
- トマト ………………… ½個
- きゅうり ……………… 1本（100g）

たれ
- 練りごま、しょうゆ …各大さじ1½
- 酢 …………………… 小さじ1
- 砂糖 ………………… 大さじ1
- 豆板醤 ……………… 少量
- ねぎ（みじん切り） …… 小さじ2
- しょうが（みじん切り） …小さじ1

ゆでる

① 鍋に水カップ4を沸騰させ、ねぎ、しょうがの皮、塩、鶏肉を入れてふたをし、中火で1分ほどゆでて火を止める。

中火

| 塩 | 小さじ½ |

② ふたをしたまま、40分〜1時間おき、余熱で火を通す。そのままあら熱がとれるまでさらにおく。

たれを作る

④ ボウルにたれの練りごまを入れ、しょうゆ、酢を少しずつ加えてよく混ぜながらのばす。砂糖、豆板醤、ねぎ、しょうがを加え、混ぜ合わせる。

練りごま	大さじ1½
しょうゆ	大さじ1½
酢	小さじ1
砂糖	大さじ1
豆板醤	少量

つけ合わせを作る

③ トマトはヘタを取り、横5mm幅に切る。きゅうりは横半分に切り、縦5mm幅の細切りにする。

仕上げる

⑤ ②のあら熱がとれたら食べやすく裂く。器にきゅうりを敷き、裂いた鶏肉を上に盛り、トマトを添える。食べる直前に④のたれをかける。

かき玉汁
ゆで汁を使ったやさしい味わいのスープ
● カロリー 40kcal ● 塩分 0.5g

＊バンバンジーのゆで汁でもう1品

材料＊2人分
- バンバンジーのゆで汁 …… カップ2
- 溶き卵 ………………… 1個分
- ねぎ …………………… ⅒本（10g）
- 酒 ……………………… 大さじ1
- 塩、こしょう …………… 各少量

作り方
① バンバンジーのゆで汁をペーパータオルを敷いたざるでこす。ねぎは斜め薄切りにする。
② 鍋にゆで汁、酒を入れて煮立て、塩、こしょうで調味する。
③ 弱めの中火にし、煮立ったら溶き卵を糸状に流し入れ、ねぎを加えて火を止め、器に盛る。

ホイコーロー

おかわり！の声がとまらない人気おかず

カロリー **501**kcal　塩分 **2.6**g

豚肉の余分な脂をふき取って しつこくさせないのがポイント

Part 4 中華風・韓国風のおかず

ホイコーロー

材料 ＊2人分

豚バラ薄切り肉	200g
キャベツ	¼個（300g）
玉ねぎ	½個（100g）
にんにく、しょうが	各½かけ
豆板醤	小さじ½～1
テンメンジャン	大さじ1
しょうゆ、酒	各大さじ½
塩	小さじ⅓
こしょう	少量
サラダ油	大さじ½

下ごしらえ

1 豚肉は5～6cm長さに切る。

2 キャベツは大きめの一口大に切り、軸の部分は薄切りにする。玉ねぎは横1.5cm幅に切る。にんにく、しょうがは薄切りにする。

炒める

3 フライパンを中火で熱し、豚肉を広げながら入れる。よく炒め、出てきた脂をふき取る。

中火 ●●

4 サラダ油を入れ、にんにく、しょうがを加えて炒める。香りが出たら玉ねぎを加え、さっと炒める。

中火 ●●

5 真ん中をあけ、豆板醤、テンメンジャンを加える。

豆板醤	小さじ½～1
テンメンジャン	大さじ1

中火 ●●

6 香りが出たらキャベツを加え、味が回るように炒める。酒、しょうゆを鍋肌から加え、塩、こしょうで調味し、しんなりするまで炒め合わせる。

酒	大さじ½
しょうゆ	大さじ½
塩	小さじ⅓
こしょう	少量

中火 ●●

おいしくなるコツ

- おいしいけれど脂の多い豚バラ肉は余分な脂を先に出して調理します。
- シャキシャキ感を残したいキャベツは最後に加えて食感を楽しみます。

酢豚

ていねいに作って食べさせてあげたい一品

下ごしらえした食材を
強火で一気に仕上げます

カロリー 620kcal
塩分 2.2g

Part 4 中華風・韓国風のおかず

酢豚

材料 ＊2人分

- 豚肉（カレー用）……………………200g
- A[酒、しょうゆ…………各大さじ½
　 しょうが（すりおろす）‥小さじ1]
- ゆでたけのこ………………½本（50g）
- にんじん……………………½本（75g）
- ピーマン……………………1個（40g）
- 玉ねぎ………………………¼個（50g）

あん
[酢、砂糖、しょうゆ…各大さじ1
　水……………………………カップ¼
　片栗粉………………………小さじ1]

衣
[溶き卵………………………½個分
　片栗粉………………………大さじ3]

- サラダ油……………………………大さじ1
- 揚げ油…………………………………適量

下ごしらえ

1 豚肉はAを加えてもみ込み10分ほど置いて下味をつける。

酒	大さじ½
しょうゆ	大さじ½
しょうがのすりおろし	小さじ1

2 たけのこは一口大の乱切りにし、水からさっとゆでる。にんじんは皮をむいて一口大の乱切りにし、水からやらかくなるまで7〜8分ゆで、それぞれざるにあけて水けをきる。ピーマンは縦半分に切って種とヘタを取り、乱切りにする。玉ねぎは3cm幅のくし形切りにし、長さを半分に切ってほぐす。

中火

3 あんの材料は混ぜ合わせておく。

酢	大さじ1
砂糖	大さじ1
しょうゆ	大さじ1
水	カップ¼
片栗粉	小さじ1

揚げる

4 豚肉に衣の溶き卵をからめ、片栗粉をまぶす。フライパンに揚げ油を2cm深さ程度入れ、170℃に熱する。豚肉を落とし入れ、表面がカラリとして中まで火が通るまで3分ほど揚げて取り出す。

| 片栗粉 | 大さじ3 |

揚げ油170℃

炒める

5 フライパンにサラダ油を熱し、玉ねぎ、ピーマンを加えて強めの中火でひと炒めし、にんじん、たけのこを加えて炒め合わせる。

強めの中火

6 玉ねぎが透き通り、ピーマンが色鮮やかになったら④の豚肉を加え、炒め合わせる。③のあんをもう一度よく混ぜ合わせて回し入れ、手早く炒め合わせる。

強めの中火

チンジャオロースー

牛肉は水っぽくならないよう、いったん取り出します

材料＊2人分

牛肉（焼肉用）	150g
A　しょうゆ、酒	各小さじ1
こしょう	少量
片栗粉	小さじ1
ゆでたけのこ	½本（100g）
ピーマン	2個（80g）
しょうが	1かけ
B　酒、しょうゆ	各大さじ½
砂糖	小さじ⅓
塩	小さじ¼
こしょう	少量
サラダ油	大さじ1½
ごま油	少量

カロリー 386kcal　塩分 1.9g

下ごしらえ

1 牛肉は約5mm幅の細切りにし、Aをもみ込んで片栗粉をまんべんなくまぶす。

しょうゆ	小さじ1
酒	小さじ1
こしょう	少量
片栗粉	小さじ1

2 たけのこは5cm長さに切って縦5mm幅に切り、水からさっとゆでてざるにあげる。ピーマンは横5mm幅に切る。しょうがは縦のせん切りにする。

3 Bは混ぜ合わせておく。

酒	大さじ½
しょうゆ	大さじ½
砂糖	小さじ⅓
塩	小さじ¼
こしょう	少量

炒める

4 フライパンにサラダ油大さじ½を中火で熱し、①の牛肉を入れて菜箸でほぐすように炒める。8分通り色が変わったらいったん取り出す。

中火

5 フライパンをきれいにしてサラダ油大さじ1を足し、しょうがをさっと炒める。たけのこ、ピーマンを順に入れて強めの中火で炒め、牛肉を戻し入れる。Bを回し入れて手早く炒め合わせ、仕上げにごま油をふり入れる。

中火 → 強めの中火

ごま油	少量

揚げだんごの甘辛煮

肉だねはしっかり練り混ぜてやわらか仕上げ

材料＊2人分

豚ひき肉	200g
ねぎ（みじん切り）	大さじ3
しょうが（すりおろす）	小さじ1
卵	小1個
A　酒	小さじ2
塩	小さじ1/3
水、片栗粉	各大さじ2
あん	
水	カップ1/4
しょうゆ、酒、みりん	各大さじ1
砂糖	大さじ2/3
片栗粉	大さじ1/2
ねぎ（白髪ねぎ用）	10cm

カロリー 371kcal　塩分 2.5g

下ごしらえ

1 ボウルにひき肉、ねぎ、しょうが、卵、Aを入れ、粘りが出てもったりとするまでよく練り混ぜる。12等分にし、手に油少量（分量外）をつけて丸めておく。

酒	小さじ2
塩	小さじ1/3
水	大さじ2
片栗粉	大さじ2

2 あんは混ぜ合わせておく。白髪ねぎ用のねぎは芯を取ってせん切りにし、水にさらしてシャキッとさせ、水けをふき取る。

みりん	大さじ1	水	カップ1/4
砂糖	大さじ2/3	しょうゆ	大さじ1
片栗粉	大さじ1/2	酒	大さじ1

揚げる

3 フライパンに揚げ油を深さ2cm程度入れ、170℃に熱する。肉だんごを入れ、表面がかたまるまで2分ほど触らずに火を通す。肉だんごが浮いて表面が均一の香ばしい色になるまで菜箸でときどき混ぜながら6分ほど揚げて火を通す。

揚げ油170℃

あんをからめる

4 小さめのフライパンにあんをもう1度混ぜて入れ、木べらで混ぜながら煮立てる。とろみがついたらひと煮し、肉だんごを入れてあんをからめる。

仕上げる

5 器に盛り、②の白髪ねぎをのせる。

韓国風豚キムチ

キムチを最後に加えるのが「おいしい！」の秘密

材料 ＊2人分
- 豚バラ薄切り肉……………200g
- にら………………… 1束（100g）
- 白菜キムチ…………………200g
- 酒……………………小さじ2
- ごま油………………………小さじ1

カロリー **461 kcal**　塩分 **2.3 g**

下ごしらえ

1 豚肉は大きいものは一口大に切る。にらは根元を1cm程度切り落とし、5cm長さに切る。キムチは大きいものは食べやすい大きさに切る。

炒める

2 フライパンを中火で熱し、豚肉を一枚ずつ広げて並べ入れ、炒める。
中火

3 豚肉の脂が出てきてカリッとしたらペーパータオルで余分な油をふき取る。
中火

4 強火にしてにらを加えてひと混ぜし、キムチを汁ごと加えて炒め合わせる。
強火

5 全体に油が回ったら酒をふり、味をみて足りなければしょうゆ少量（分量外）で調味し、ごま油をふる。
強火

酒	小さじ2
ごま油	小さじ1

Part 4 中華風・韓国風のおかず

韓国風豚キムチ・プルコギ

プルコギ

ごま油で炒めて風味を一段とアップさせます

材料＊2人分

牛切り落とし肉……………200g
A しょうゆ、砂糖……各大さじ2
　ごま油、すりごま
　　　　　　　……………各大さじ1
　酒……………………大さじ½
　コチュジャン、
　にんにく（すりおろす）
　　　　　　　……………各小さじ1
もやし………………½袋（100g）
玉ねぎ………………½個（100g）
にんじん……………⅓本（50g）
にら………………………1束（100g）
ごま油……………………少量

カロリー 406kcal　塩分 3.0g

下ごしらえ

1 ボウルに牛肉を入れ、Aを加えてもみ込む。

しょうゆ	大さじ2
砂糖	大さじ2
ごま油	大さじ1
すりごま	大さじ1
酒	大さじ½
コチュジャン	小さじ1
にんにくのすりおろし	小さじ1

2 もやしはひげ根を取る。玉ねぎは横1cm幅に切り、にんじんは皮をむいて半月切り、にらは根元を1cm程度切り落として5cm長さに切る。

炒める

3 フライパンにごま油を熱し、①の牛肉を入れて強めの中火で炒める。肉の色が七分通り変わったら、にんじん、玉ねぎ、もやし、にらを順にのせるようにして加える。

強めの中火

4 全体を混ぜながら野菜がしんなりするまで炒め合わせる。

強めの中火

ナムル3種
どれか一品だけでも立派なサブおかず

ほうれん草のナムル

水にさらさないで素材の持ち味を生かします

● カロリー 53kcal　● 塩分 0.5g

材料＊2人分
ほうれん草……………1束（200g）
A ┌ ねぎ（みじん切り）…大さじ1
　│ 白すりごま…………大さじ½
　│ ごま油………………小さじ1
　└ 塩……………………少量

作り方
❶ほうれん草は根元の先端を切り落とし、茎が太ければ十文字に切り込みを入れて洗い、3～4cm長さに切る。茎と葉に分けておく。
❷鍋に水カップ3と塩小さじ1（各分量外）を入れて火にかけ、沸騰したら、茎、葉を順に入れてひと混ぜし、再び沸騰したらざるに広げてあげ、あら熱をとる。水けを絞ってボウルに入れ、Aであえる。

豆もやしのナムル

豆もやしはひげ根を取って食感UP

● カロリー 70kcal　● 塩分 0.5g

材料＊2人分
豆もやし………………1袋（200g）
A ┌ ねぎ（みじん切り）…大さじ1
　│ 白すりごま…………大さじ½
　│ ごま油………………小さじ1
　└ 塩……………………少量

作り方
❶もやしはひげ根を取る。
❷鍋に水カップ3と塩小さじ1（各分量外）を入れて火にかけ、沸騰したら、もやしを入れる。再び煮立ったら1分ほど、豆の部分がやわらかくなるまでゆでてざるにあげ、あら熱をとる。水けをよくきってボウルに入れ、Aであえる。

にんじんのナムル

歯ごたえを残すようにゆでるのがコツ

● カロリー 61kcal　● 塩分 0.5g

材料＊2人分
にんじん………………1本（150g）
A ┌ ねぎ（みじん切り）…大さじ1
　│ 白すりごま…………大さじ½
　│ ごま油………………小さじ1
　└ 塩……………………少量

作り方
❶にんじんは皮をむき、4cm長さ、1～2mm幅の細切りにする。
❷鍋に水カップ3と塩小さじ1（各分量外）を入れて火にかけ、にんじんを入れてさっとゆでてざるにあげ、あら熱をとる。水けをよくきってボウルに入れ、Aであえる。

Part 5

パパッと作れる！ボリューム満点！
ごはん・めん・パン・鍋

和・洋・中さまざまな主食レシピを紹介。
ひと皿で主役になってしまう、ボリューム満点なレシピばかりです。
まいにちのごはん、おもてなしにもぜひ役立てましょう。

五目炊き込みごはん

炊き上がってくると家庭的なやさしい香りが広がります

すべての材料の水けをしっかりきって
お釜に入れればふっくら炊きあがります

カロリー **403** kcal　塩分 **1.7** g

Part 5 ごはん・めん・パン・鍋

五目炊き込みごはん

材料＊4人分

米	カップ2（360ml）
水	280ml
A　酒	大さじ2
しょうゆ	大さじ1½
塩	小さじ⅓
鶏もも肉	小1枚（150g）
酒、しょうゆ	各小さじ1
にんじん	⅓本（50g）
ごぼう	¼本（50g）
しらたき	80g
しめじ	½パック（100g）

下ごしらえ

1 米は炊く30分ほど前に洗ってざるにあげる。10分ほどおいて水けをよくきり、炊飯器の釜に入れ、水を加える。

2 鶏肉は1.5cm角に切り、酒、しょうゆをまぶし、下味をつける。

酒	小さじ1
しょうゆ	小さじ1

3 にんじんは皮をむいて3cm長さの細切りする。ごぼうはきれいに洗ってささがきにし、水に5分ほどさらしてざるにあげ、水けをしっかりきる。

4 しらたきは3cm長さに切り、水からひとゆでし、ざるにあげ、ざるの上からもペーパータオルを当ててしっかり水けをきる。しめじは石づきを取り、長いものは半分に切ってほぐす。

炊く

5 ①にAを加え、混ぜ合わせる。

酒	大さじ2
しょうゆ	大さじ1½
塩	小さじ⅓

6 米の上にしらたき、鶏肉、ごぼう、しめじ、にんじんを順にのせ、混ぜずに普通通り炊く。炊き上がったら、水でぬらしたしゃもじでさっくりと混ぜる。

焼きそば

カロリー **569**kcal　塩分 **3.5**g

どこか懐かしい味わいをみんなで気軽に楽しんで

水を加えずに酒を加えれば めんがふんわりした仕上がりに

Part 5 ごはん・めん・パン・鍋

焼きそば

材料 ＊2人分

蒸し焼きそば	2袋 (320g)
豚こま切れ肉	100g
キャベツ	2枚 (200g)
にんじん	½本 (75g)
サラダ油、酒	各大さじ1
ウスターソース	大さじ3
塩、こしょう	各少量

下ごしらえ

1 豚肉は大きいものは一口大に切る。キャベツは一口大に切り、にんじんは短冊切りにする。

炒める

2 フライパンにサラダ油を中火で熱し、にんじんを入れてさっと炒める。豚肉を加え、ほぐすように炒め合わせる。

中火

3 豚肉の色が変わったらキャベツを加え、ひと炒めする。

中火

4 焼きそばを加え、酒をふってほぐしながら炒める。

酒	大さじ1

中火

5 焼きそばがやわらかくなったらウスターソースを加え、炒める。味をみて、塩、こしょうで調え、全体に味が回るまで炒め合わせる。

ウスターソース	大さじ3
塩	少量
こしょう	少量

おいしくなるコツ

● ②、③でにんじん、キャベツを時間差で加えて均一に火を通します。

● ④で水ではなく、酒を少し加えることで風味もプラスします。

ちらしずし

ハレの日に作ってあげたいとっておきのレシピ

カロリー 405kcal　塩分 3.2g

酢飯は切るように混ぜれば ツヤツヤなシャリのできあがり！

材料＊4人分

- 米……2合
- 水……米と同量（360cc）
- A
  - 酢……大さじ3
  - 砂糖……大さじ2
  - 塩……小さじ1 ⅓
- 干ししいたけ……小5〜6枚（12g）
- にんじん……⅓本（60g）
- れんこん……100g
- 煮汁
  - 水……カップ½
  - 酒、みりん、砂糖……各大さじ1
  - しょうゆ……小さじ1
  - 塩……少量
- むきえび……120g
- B
  - 水、酒……各大さじ1
  - 塩……小さじ¼
- 卵……2個
- 砂糖……大さじ½
- 塩、サラダ油……各少量
- 絹さや……40g

下ごしらえ

1 米は洗って水けをきり、水とともに炊飯器の釜に入れ、30分ほどおいて普通通り炊く。Aはよく混ぜ合わせ、砂糖と塩をとかす。

酢	大さじ3
砂糖	大さじ2
塩	小さじ1⅓

2 干ししいたけはさっと洗ってたっぷりの水でもどし、せん切りにする。にんじんは3cm長さのせん切りにする。れんこんは皮をむいて小さめのいちょう切りにし、さっと水に通してざるにあげる。

3 鍋に煮汁、しいたけを入れ、落としぶたをして弱火で5分ほど煮る。にんじん、れんこんを加え、落としぶたをして3分ほど煮る。ふたをとり、煮汁がなくなるまで煮つめる。

弱火 ●

水	カップ½	砂糖	大さじ1
酒	大さじ1	しょうゆ	小さじ1
みりん	大さじ1	塩	少量

4 えびは背ワタがあれば取る。片栗粉少量（分量外）をまぶしてもみ、水できれいに洗い落とし、ペーパータオルで水けをふき取って1cm長さに切る。鍋にBを弱火で煮立て、えびを入れ、色が変わるまでさっと煮る。あら熱がとれたらざるにあげ、水けをきる。

水	大さじ1
酒	大さじ1
塩	小さじ¼

5 錦糸卵を作る。ボウルに卵を割り、白身を切るように溶きほぐし、砂糖、塩を入れ、泡立てないよう、菜箸で混ぜ合わせる。フライパンにサラダ油を弱めの中火で熱し、ペーパータオルで余分な油をふき取る。卵液を適量流し入れ、全体に広げて卵の端が乾いてきたら菜箸と手で返してさっと焼き、裏返したざるにのせ、あら熱をとる。同様に3枚焼き、3等分に切って重ね、細切りにする。

弱めの中火 ●●

砂糖	大さじ½
塩	少量

6 絹さやは筋を取り、塩少量（分量外）を加えた熱湯で色よくゆでる。水をかけて冷まし、1cm幅の斜め切りにする。

具材を混ぜ合わせる

7 ①が炊きあがったら飯台にあけ、①のAをかけて下から切るように混ぜ、温かいうちに③、④、⑥を加えてざっと混ぜ、器に盛り⑤の錦糸卵を散らす。

チャーハン

ぱらり、ふんわり。上手にできたらちょっぴり幸せ

ごはんを加えたら
強火にして一気に仕上げます

カロリー 541kcal　塩分 3.6g

Part 5 ごはん・めん・パン・鍋 チャーハン

材料 ＊2人分

ごはん	400g
焼き豚	80g
ねぎ	小1本（80g）
卵	1個
A　塩、こしょう	少量
サラダ油	大さじ1½
しょうゆ	大さじ½
塩	小さじ½
こしょう	少量

下ごしらえ

1 ねぎは小口切りにする。ボウルに卵を割りほぐし、Aをふる。ごはんは耐熱容器に入れ、ラップをして電子レンジ（500W）で4分加熱する。焼き豚は1cm角に切る。

塩	少量
こしょう	少量

炒める

2 フライパンにサラダ油大さじ½を中火で熱し、卵液を流し入れ、大きくかき混ぜ、やわらかい状態でいったん取り出す。

中火 ●●

3 ②のフライパンにサラダ油大さじ1を足し、ねぎを入れてさっと炒め、焼き豚を加える。

中火 ●●

4 ごはんを加え、強火にしてあおるように炒める。

強火 ●●●

5 ②の卵を戻し入れる。鍋肌からしょうゆを回し入れ、塩、こしょうで調味する。ごはんがぱらぱらになるまで炒めて器に盛る。

強火 ●●●

しょうゆ	大さじ½
塩	小さじ½
こしょう	少量

おいしくなるコツ

- ①でごはんを温めることでほぐしやすく、具材と混ざりやすくなります。
- ②で卵をいったん取り出すときれいに仕上がります。

牛丼

牛肉のコクと玉ねぎの甘みが
たれに溶け込んでいます

材料 ＊ 2人分

- 牛こま切れ肉 ……………… 200g
- 玉ねぎ ……………… 1個（200g）
- 煮汁
  - 水 ……………… カップ½
  - 酒、砂糖、しょうゆ
  - ……………… 各大さじ3
- 温かいごはん ……………… 400g
- 紅しょうが（あれば）……… 適量

カロリー 655kcal　塩分 4.0g

下ごしらえ

1 玉ねぎは縦半分に切り、横1cm幅に切る。

煮る

2 フライパンに煮汁を中火で煮立て、牛肉を入れる。

水	カップ½
酒	大さじ3
砂糖	大さじ3
しょうゆ	大さじ3

中火

3 でてきたアクを取り除く。

中火

4 玉ねぎを加え、味がしみてくったっとなるまで10分ほど煮る。

中火

仕上げる

5 丼にごはんを盛り、④を上にのせて煮汁を少量かけ、あれば紅しょうがを添える。

親子丼

ゆっくりと卵を混ぜて
ふんわりした仕上がりに

材料 ＊ 2人分

鶏もも肉……………1枚（200g）
玉ねぎ………………½個（100g）
みつば………………⅓束（15g）
卵……………………………2個
煮汁
　水………………………カップ½
　酒、みりん、しょうゆ
　　………………………各大さじ2
温かいごはん………………400g

カロリー 667kcal　塩分 2.9g

下ごしらえ

1 玉ねぎは横1cm幅に切る。みつばは2〜3cm長さに切る。鶏肉は余分な脂を取り除き、2〜3cm大に切る。

2 ボウルに卵を割りほぐす。

煮る

3 フライパンに煮汁を中火で煮立て、玉ねぎ、鶏肉を加えてふたをし、2〜3分煮る。

中火

水	カップ½
酒	大さじ2
みりん	大さじ2
しょうゆ	大さじ2

4 玉ねぎがしんなりとし、鶏肉に火が通ったら卵液を流し入れ、ところどころ菜箸でゆっくり混ぜてふたをする。

中火

5 卵が半熟状になったらみつばを散らし入れ、火を止める。丼にごはんを盛り、上にのせる。

三色そぼろ丼

カロリー **533**kcal　塩分 **2.0**g

彩りもきれいな丼はお弁当にもおすすめ

具材がかたまらないよう混ぜてから炒り始めます

Part 5 ごはん・めん・パン・鍋

三色そぼろ丼

材料 ＊ 2人分
鶏ひき肉……………………………100g
A ┌ 酒、砂糖、しょうゆ……各大さじ1
卵……………………………………2個
B ┌ 砂糖………………………大さじ½
  └ 塩……………………………少量
さやいんげん………………4〜5本（50g）
温かいごはん………………………400g

鶏そぼろを作る

1 フライパンにひき肉、Aを入れ、菜箸3〜4本を使ってよく混ぜる。

酒	大さじ1
砂糖	大さじ1
しょうゆ	大さじ1

2 中火にかけ、菜箸3〜4本で混ぜる。そぼろ状になり、出てきた水分がなくなるまで炒りつける。

中火

炒り卵を作る

2 フライパンに卵を割りほぐし、Bを加え、菜箸3〜4本でよく混ぜる。

| 砂糖 | 大さじ½ |
| 塩 | 少量 |

3 弱火にかけ、菜箸3〜4本でかき混ぜながら細かくなるまで炒る。

弱火

ゆでる

4 いんげんはヘタを取り、塩少量（分量外）を加えた熱湯で2〜3分、火が通るまで中火でゆでる。ざるにあげて水で冷まし、斜め薄切りにする。

中火

仕上げる

5 器にごはんを盛り、鶏そぼろ、炒り卵、いんげんを彩りよくのせる。

赤飯

もち米は水にひたさず　やわらかくなりすぎないよう炊き上げます

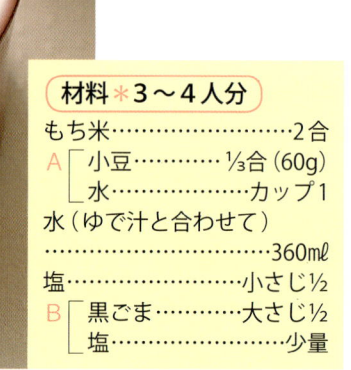

カロリー 492kcal
塩分 1.0g

材料 ＊3〜4人分

- もち米……………………2合
- A
  - 小豆…………1/3合（60g）
  - 水…………………カップ1
- 水（ゆで汁と合わせて）
  - ……………………360ml
- 塩…………………小さじ1/2
- B
  - 黒ごま…………大さじ1/2
  - 塩………………………少量

下ごしらえ

❶ Aの小豆はさっと洗う。鍋にAの水、小豆を入れ、ふたをして弱火にかける。豆のしわがなくなるまで、かために30分ほどゆでる。

弱火

❷ 小豆をざるにあげ、ゆで汁と小豆に分ける。

❸ もち米は洗ってざるにあげる。

炊く

❹ もち米の水けをよくきって釜に入れ、①のゆで汁を加え、おこわの2合の目盛りまで水を足す。塩を加えて混ぜ合わせ、小豆をのせて普通通り炊く。

| 塩 | 小さじ1/2 |

ごま塩を炒る

❺ フライパンにBの黒ごまを入れ、弱火で混ぜながら炒る。香りが出たらBの塩を加え、さっと炒る。

| 塩 | 少量 |

仕上げる

❻ 炊き上がったら器に盛り、ごま塩をふる。

Part 5 ごはん・めん・パン・鍋 赤飯・おかゆ

おかゆ

**沸騰したら弱火でクツクツ
やさしい口当たりの
ヘルシーおかゆ**

材料＊2人分
- 米……………………1/2合
- 水………630ml（米の7倍量）
- 塩……………………少量

カロリー 134kcal　塩分 0.5g

下ごしらえ

1 米は洗って鍋に入れ、水を加えて1時間ほどおく。

炊く

2 ふたをずらして中火にかける。沸騰したら全体をゆっくりと混ぜ、弱火にする。

中火 → 弱火

3 ふたをして、ときどき混ぜながら30分ほど炊く。

弱火

4 ふっくらしてきたら全体をかき混ぜ、塩で調味する。

塩　少量

弱火

調理 memo

全がゆ、五分がゆってなに？

おかゆは白米をやわらかく炊いたもので、水と米の割合によって濃度や呼び方も変わってきます。
- 全がゆ…米1：水5の割合のもの
- 五分がゆ…米1：水10の割合のもの

※このレシピのおかゆは米1：水7の割合「7分がゆ」になります。

スパゲッティミートソース

本格的な定番パスタもかんたんにできます

小麦粉を合わせて炒めることで
パスタとからみやすいソースに

カロリー **422** kcal　塩分 **3.2** g

スパゲッティミートソース

材料 ＊ 2～3人分

スパゲッティ（1.9mm）	160g
合いびき肉	150g
玉ねぎ	¼個（50g）
にんじん	⅓本（50g）
セロリ	⅙本（25g）
にんにく	½かけ
オリーブ油	大さじ1
小麦粉	大さじ½
トマト水煮缶	1缶（400g）
水	カップ½
ローリエ	½枚
塩	小さじ1¼
こしょう	少量
砂糖	大さじ½
パルメザンチーズ（好みで）	適量

下ごしらえ

1. 玉ねぎ、にんじんは皮をむき、セロリは筋を取って、にんにくとともにそれぞれみじん切りにする。

炒めて煮る

2. 鍋にオリーブ油を中火で熱し、玉ねぎ、にんじん、セロリを炒め、薄く色づいたらひき肉を入れ、ほぐすように炒める。（中火）

3. 真ん中をあけてにんにくを加え、香りが出るまで炒める。（中火）

4. 小麦粉をふり入れ、粉っぽさがなくなるまで炒める。（中火）

小麦粉	大さじ½

5. トマト缶、水を加えて混ぜ、煮立ったらローリエを加えてふたをずらしてかける。弱火で10分ほど、ときどき混ぜながら煮る。ふたを取り、塩、こしょう、砂糖で調味し、ちょうどよい濃度まで5～10分煮る。（弱火）

水	カップ½
ローリエ	½枚
塩	小さじ1¼
こしょう	少量
砂糖	大さじ½

ゆでる

6. 鍋に水1.5ℓを沸かし、塩大さじ1（分量外）を加える。スパゲッティを入れてかき混ぜ、中火で袋の表示時間通りにゆでる。（中火）

仕上げる

7. スパゲッティを器に盛り、⑤のミートソースをかける。好みでパルメザンチーズをふる。

パルメザンチーズ	適量

カルボナーラ

「ソースを加えたら弱火」を忘れずに

材料＊2人分

スパゲッティ（1.9mm）…160g
厚切りベーコン…………50g
卵……………………2個
A ┌ パルメザンチーズ… 30g
　└ 牛乳……………大さじ3
オリーブ油…………小さじ1
塩……………………少量
パルメザンチーズ、
粗びき黒こしょう……各適量

カロリー 599kcal　塩分 2.6g

下ごしらえ

1. ベーコンは5mm幅に切る。

2. ボウルに卵を割りほぐし、Aを加え、混ぜ合わせる。

| パルメザンチーズ | 30g |
| 牛乳 | 大さじ3 |

ゆでる

3. 鍋に水1.5ℓを沸かし、塩大さじ1（分量外）を加える。スパゲッティを入れてかき混ぜ、中火で袋の表示時間より1分短くゆでる。ゆで汁を大さじ2〜3、とっておく。

中火

炒めてあえる

4. フライパンにオリーブ油を中火で熱し、粗びき黒こしょうをふり、ベーコンを入れて炒める。火を止め、ぬれたふきんの上であら熱をとる。

中火

| 粗びき黒こしょう | 少量 |

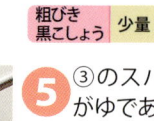

5. ③のスパゲッティがゆであがったら、ゆで汁大さじ2〜3を加えてさっとあえる。②のソースを加えて弱火にかけ、混ぜながらとろみをつける。

弱火

仕上げる

6. 味をみて塩で調味し、器に盛り、パルメザンチーズ、粗びき黒こしょうをふる。

塩	少量
パルメザンチーズ	適量
粗びき黒こしょう	適量

ボンゴレ

ゆで汁を加えることで
あさりのうまみも広がります

材料 ＊2人分

- スパゲッティ……………160g
- あさり……… 1パック（300g）
- パセリ（みじん切り）
  ………………………大さじ2
- にんにく………………1かけ
- オリーブ油、白ワイン
  …………………各大さじ2
- 赤とうがらし……………1本
- 塩、こしょう………各少量

カロリー 441kcal　塩分 2.5g

下ごしらえ

1 あさりは海水程度（塩分3％）の塩水につけ、新聞紙などで暗くして1時間ほどおき、砂抜きをする。殻をこすり合わせるようにして洗い、ざるにあげ、水けをきる。パセリはみじん切りにし、にんにくはつぶす。

ゆでる

2 鍋に水1.5ℓを沸かし、塩大さじ1（分量外）を加える。スパゲッティを入れてかき混ぜ、中火で袋の表示時間通りゆでる。ゆで汁をカップ1/3ほどとっておく。

中火

炒めてあえる

3 フライパンにオリーブ油大さじ1、種を取った赤とうがらし、にんにくを入れて弱火で炒める。

弱火

4 香りが出たら、あさり、白ワインを加え、強火にしてふたをして、あさりの殻を開かせる。

| 白ワイン | 大さじ2 |

強火

5 ②のスパゲッティがゆであがったら、ゆで汁カップ1/3ほどを加え、塩、こしょうで調味する。オリーブ油大さじ1を加え、パセリを散らし、器に盛る。

強火

塩	少量
こしょう	少量
オリーブ油	大さじ1

スパゲッティナポリタン

レシピ通りに作ってあこがれの洋食屋さんの味に

カロリー 532kcal
塩分 3.8g

酸味のあるトマトを加えて深みのある味わいに

スパゲッティナポリタン

材料 ＊2人分

スパゲッティ	160g
玉ねぎ	½個（100g）
ピーマン	1個（40g）
ハム	2枚
トマト	1個（150g）
トマトケチャップ	カップ½
オリーブ油	大さじ1
塩、こしょう	各少量
パルメザンチーズ	適量

下ごしらえ

1 玉ねぎは縦5mm幅の薄切りにする。ピーマンはヘタと種を取り、横5mm幅の細切りにする。ハムは半分に切り、5mm幅に切る。

2 トマトは1cm角に切り、トマトケチャップと混ぜ合わせる。

トマトケチャップ	カップ½

ゆでる

3 鍋に水1.5ℓを沸かし、塩大さじ1（分量外）を加える。スパゲッティを入れてかき混ぜ、中火で袋の表示時間通りゆでる。

中火

炒めてあえる

4 フライパンにオリーブ油を中火で熱し、玉ねぎ、ピーマンを入れ、しんなりするまで炒め、ハムを加えてさっと炒める。

中火

5 ③のスパゲッティがゆであがったら④に加え、②のソースを加えてからめるように炒め、塩、こしょうで味を調える。

中火

塩	少量
こしょう	少量

仕上げる

6 器に盛り、パルメザンチーズをふる。

パルメザンチーズ	適量

ぶっかけそば

**おいしさのコツは
たっぷりの薬味と冷やしためんつゆ**

材料＊2人分

- そば（乾燥）……………200g
- めんつゆ
  - だし……………カップ1⅓
  - みりん、しょうゆ…各大さじ4
- 塩蔵わかめ……………10g
- オクラ……………½袋（40g）
- みょうが……………1個
- 青じそ……………5枚
- 細ちくわ……………2本（60g）
- 天かす……………大さじ2
- 白すりごま……………適量
- しょうが（すりおろし）、
- 七味とうがらし…………各適量

カロリー 536kcal　塩分 6.3g
※つゆを含む

下ごしらえ

① 鍋にめんつゆのだしを中火で煮立て、みりんを加えてアルコール分をとばし、しょうゆを加えてひと煮する。あら熱をとり、冷蔵室で冷やしておく。

中火

だし	カップ1⅓
みりん	大さじ4
しょうゆ	大さじ4

② わかめは手でもんで塩を洗い流し、水けを絞る。小鍋に熱湯を沸かし、わかめを一瞬つけて、冷水に取って冷ます。すぐに水けを絞って長さをそろえ、3cm長さの一口大に切る。オクラはヘタの先を切り、ガクをぐるりとむき取り、塩少量（分量外）でこすってから熱湯でさっとゆでる。冷水にとって水けをきり、小口切りにする。

③ みょうがは小口切り、青じそは縦半分に切って、横細切りにする。ちくわは斜め薄切りにする。

ゆでる

④ 鍋にたっぷりの水を中火で沸かし、そばをほぐし入れ、かき混ぜる。煮立ったら火を弱め、袋の表示時間通りにゆでてざるにあげ、流水でしめて水けを絞る。

中火　→　弱めの中火

仕上げる

⑤ 器にそばを盛り、②、③を彩りよく盛る。①のめんつゆを適量かけ、しょうがのすりおろしをのせ、天かす、白すりごま、七味とうがらしをふる。

きつねうどん

揚げに煮汁をたっぷりしみ込ませましょう

カロリー 416kcal　**塩分** 6.5g
※つゆを含む

材料＊2人分

- うどん（冷凍）……… 2玉（400g）
- 油揚げ………………… 2枚（80g）
- 煮汁
  - 水……………………カップ½
  - 酒、砂糖、みりん……………………各大さじ1
  - しょうゆ…………大さじ1½
- ねぎ……………………………⅓本
- めんつゆ
  - だし……………………カップ3
  - みりん………………大さじ1
  - しょうゆ……………大さじ2
  - 塩……………………小さじ⅓
- 七味とうがらし（好みで）…適量

下ごしらえ

① 油揚げは横半分に切り、さっと熱湯を通してざるにあげる。小さいフライパンに煮汁を入れて煮立て、水けを絞った油揚げを入れて落としぶたをし、煮汁が少なくなるまで弱めの中火で煮る。

弱めの中火

水	カップ½
酒	大さじ1
砂糖	大さじ1
みりん	大さじ1
しょうゆ	大さじ1½

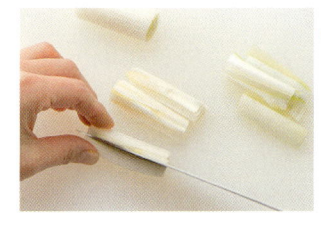

② ねぎは5cm長さに切り、縦4等分に切る。

③ 鍋にめんつゆのだしを中火で煮立て、みりんを加えてひと煮立ちさせる。しょうゆ、塩で調味し、ねぎを加えてひと煮する。

中火

だし	カップ3
みりん	大さじ1
しょうゆ	大さじ2
塩	小さじ⅓

ゆでる

④ 鍋にたっぷりの熱湯を中火で沸かし、うどんを入れ、袋の表示時間通りにゆでる。ざるにあげて水けをしっかりきる。

中火

仕上げる

⑤ うどんを器に盛り、③のめんつゆをはり、油揚げ、ねぎをのせる。好みで七味とうがらしをふる。

サンドウィッチ

ランチボックスにつめてピクニックに行ってみよう

かたく絞ったふきんをかぶせて しっとりサンドのできあがり

カロリー 671kcal　塩分 3.6g

Part 5 ごはん・めん・パン・鍋

サンドウィッチ

材料 ＊2〜3人分

食パン（12枚切り）……………1斤
バター………………………大さじ4
マスタード……………………適量
卵サンド
ゆで卵………………………2個
マヨネーズ…………………大さじ2
塩……………………………少量
こしょう……………………少量
ハムきゅうりサンド
ハム（超薄切り）……½パック（6枚）
きゅうり……………………1本

ツナマヨサンド
ツナ缶（ノンオイル）………小1缶
マヨネーズ…………………大さじ2
塩、こしょう………………各少量

ミニトマト…………………6個

下ごしらえ

1 バターは冷蔵庫から出し、室温でやわらかくする。パンを2枚1組にし、内側になる面にバターをぬる。うち4枚にはバターをぬった面にさらにマスタードをぬる。

2 ゆで卵は殻をむいてみじん切りにし、マヨネーズ大さじ2であえ、塩、こしょう各少量で調味する。

マヨネーズ	大さじ2
塩	少量
こしょう	少量

3 きゅうりはパンの長さに切りそろえ、縦5mm厚さに切る。

4 ツナは軽く汁けをきってボウルに入れ、マヨネーズ大さじ2であえ、塩、こしょう各少量で調味する。

マヨネーズ	大さじ2
塩	少量
こしょう	少量

具をはさむ

5 バターをぬったパンの片側に②、④を半量ずつのせ、パンをかぶせて2組ずつ作る。同様にバターとマスタードをぬったパンに③のきゅうりを半量のせ、ハム3枚ものせて重ね、2組作る。耳を切り落とし、4等分に切る。かたく絞った清潔なふきんをかぶせておく。

仕上げる

6 器に盛り、ミニトマトを添える。

カロリー 301kcal　塩分 1.4g

ガーリックトースト
フレッシュなにんにくをすり込んで香ばしく焼き上げます

材料＊2人分
バゲット……小1本（150g）
にんにく………………½かけ
バター………………大さじ2
パセリ（みじん切り）
………………………大さじ1

下ごしらえ

① バゲットは縦半分に切り、横半分に切る。

② バゲットの切り口ににんにくの断面をすり込む。

③ 冷蔵室から出し、室温でやわらかくしたバターにパセリを混ぜてぬる。

焼く

④ トースターで焼き色がつくまで5分ほど焼く。

Part 5 ごはん・めん・パン・鍋
ガーリックトースト・フレンチトースト

カロリー 580kcal　塩分 1.8g

フレンチトースト

卵液をすべてしみ込ませたトーストは感動のやわらかさ！

材料＊2人分

- 食パン（4枚厚切り）……2枚（200g）
- 卵……2個
- A ┌ 牛乳……カップ1¾
  └ メープルシロップ……大さじ2
  　（または砂糖大さじ3〜4）
- サラダ油……少量
- バター、メープルシロップ……各適量

下ごしらえ

1 ボウルに卵を割りほぐし、Aを加えて泡立て器でよく混ぜる。

| 牛乳 | カップ1¾ |
| メープルシロップ | 大さじ2 |

2 パンは横半分に切ってジッパーつき保存袋に入れ、①の卵液を加えて口を閉じる。途中上下を一度返し、6〜7時間おいて卵液をすべてしみ込ませる。

1人分ずつ焼く

3 フライパンを熱し、サラダ油を入れ、ペーパータオルで薄くなじませる。弱火で熱し、②のパンの汁けをきって入れる。ふたをして7分ほど焼く。

弱火

4 きれいな焼き色がついたら裏返し、反対側も同様にふたをして7分ほど焼き、きれいな焼き色をつける。中央がふくらんできたらできあがりの目安。

弱火

仕上げる

5 器に盛り、バターをのせ、メープルシロップを添える。

| バター | 適量 |
| メープルシロップ | 適量 |

すき焼き

とろんとした溶き卵と甘辛い肉＆野菜が絶妙！

カロリー **467** kcal　塩分 **4.0** g

**割り下はたっぷり入れず
ひたひたより少なめがおいしさの秘訣**

Part 5 ごはん・めん・パン・鍋

すき焼き

材料 ＊ 2〜3人分

牛肉（すき焼き用）	200g
焼き豆腐	1丁（300g）
しらたき	小1袋（130g）
ねぎ	1本（100g）
しいたけ	6枚
春菊	½束（100g）

割り下
- 水、酒、みりん、しょうゆ……各カップ⅓
- 砂糖……大さじ3

牛脂（またはサラダ油）……適量
卵……2個

下ごしらえ

① 豆腐は1丁を8つに切る。しらたきは水からさっとゆでてざるにあげ、食べやすく切る。

② ねぎは2cm幅の斜め切りに、しいたけは石づきを取り、大きいものは縦半分に切る。春菊は食べやすい長さに切る。

③ ボウルに割り下を混ぜ合わせておく。

水	カップ⅓
酒	カップ⅓
みりん	カップ⅓
しょうゆ	カップ⅓
砂糖	大さじ3

焼いて煮る

④ すき焼き鍋を中火で熱し、牛脂を鍋全体に溶かし、ねぎ、牛肉を焼く。

中火

⑤ 肉の色が変わりはじめたら③の割り下⅔量を加える。

中火

⑥ 煮立ったら、しらたき、しいたけ、豆腐を加える。1〜2分煮て、春菊を加える。

中火

仕上げる

⑦ それぞれ器に卵を溶きほぐし、煮えたものから取り分けていただく。途中、残りの材料と割下を加える。味が濃くなってきたら湯を加えて味を調節する。

水炊き鍋

アクをていねいに取り除いてうまみだけを凝縮します

カロリー 408kcal　塩分 3.5g

材料＊2人分

鶏骨つき肉（ぶつ切り）……500g	酒……………………大さじ2
白菜……………1/5個（400g）	塩……………………小さじ1/2
ねぎ……………1本（100g）	ポン酢…………………適量
しめじ…………小1袋（100g）	A 万能ねぎ、大根おろし……各適量
にんじん………1/2本（75g）	七味とうがらし……………少量
万能だしP.33参照（なければ水）	
…………水を足してカップ4	

1 鶏肉は流水で血や汚れをよく洗い流し、ペーパータオルで水けをよくふき取る。

2 白菜は軸を5cm長さのそぎ切りに、葉は大きめに切り、軸と葉に分けておく。ねぎは1cm幅の斜め切り、しめじは石づきを取り、大きめの小房に分ける。にんじんは皮をむき、5mm厚さの輪切りにする。

3 鍋に万能だしを入れて強火にかけ、煮立ったら鶏肉を入れる。再び煮立ったら中火にし、アクをていねいに取り、酒、塩を加え、ふたをして弱火で15〜20分煮る。

4 にんじん、白菜の軸を加え、やわらかくなったら、しめじ、ねぎ、白菜の葉を加える。煮えたものから器に取り、ポン酢、Aの薬味でいただく。

Part 5 ごはん・めん・パン・鍋
水炊き鍋・キムチ鍋

カロリー 491kcal
塩分 5.6g

キムチ鍋

豚肉は炒めることでおいしさがぐ〜んとアップ！

材料＊2人分

- 豚バラ薄切り肉……………………150g
- 白菜キムチ……………………200g
- 木綿豆腐……………… ½丁（150g）
- ねぎ………………… 1本（100g）
- 小松菜……………… ½束（100g）

A｜酒、しょうゆ、ごま油
　　……………………各大さじ1
　｜にんにく（すりおろす）…小さじ½

煮汁
　｜水……………………カップ2
　｜酒、しょうゆ…………各大さじ1
　｜コチュジャン……………小さじ1

塩、こしょう………………各少量

① 豆腐は半丁を4つに切り、ねぎは1cm幅の斜め切りにする。小松菜は根元の先端を切り落し、根元に十文字の切り込みを入れて、水できれいに洗い、4〜5cm長さに切り、茎の太い部分は2〜4等分に切る。

② 豚肉は2〜3等分に切り、Aをもみ込む。

③ 鍋に豚肉を入れ、中火で色が変わるまで炒める。煮汁の水を加えて煮立て、アクを取る。ねぎ、豆腐、小松菜を加え、煮立ったら白菜キムチを加える。

④ 残りの煮汁の材料を加え、味をみて、塩、こしょうで調味し、味がなじむまで煮る。

おでん

味のしみ込んだ大根の秘密はじっくり下ゆでにあり

カロリー 529kcal　塩分 4.1g

材料 ＊ 2〜3人分

- 大根 ………………… ½本 (800g)
- こんにゃく ………… 小1枚 (150g)
- 油揚げ ……………… 2枚 (80g)
- 切り餅 ……………… 2個
- さつま揚げ（小判型）…… 4枚 (200g)
- はんぺん …………… 1枚 (140g)
- 昆布 ………………… 12cm

煮汁
- 水 …………………… カップ6
- 酒 …………………… カップ½
- しょうゆ、みりん …… 各大さじ2
- 塩 …………………… 小さじ1
- ゆで卵 ……………… 4個
- 練りがらし ………… 適量
- 楊枝 ………………… 4本

① 大根は3cm長さに切って皮をむく。こんにゃくは4等分の三角に切り、水からゆでる。油揚げはまな板にのせ、上から箸で転がして開きやすくする。横半分に切り、切り口から指を入れて破かないように袋状に開く。熱湯にさっと通し、ざるにあげて水けを絞る。切り餅は半分に切ってあら熱がとれた油揚げに入れ、楊枝で閉じて餅入り巾着を作る。さつま揚げは熱湯をかける。はんぺんは4等分の三角に切る。

② 鍋に煮汁の水、昆布、大根を入れ、ふたをして弱めの中火で10分ほど煮る。昆布は広がったら取り出し、1cm幅に切ってひと結びする。

③ 大根がやわらかくなるまで30〜40分煮る。残りの煮汁の材料を加え、①のこんにゃくと餅入り巾着、②の結び昆布、ゆで卵を加える。20分ほど煮たら、はんぺん、さつま揚げを加え、弱火で巾着の餅がやわらかくなり全体に味がなじむまで15〜20分煮る。

④ 好みのものを器に盛り、練りがらしを添えていただく。

Part 6

覚えておきたい！ひと目でわかる！
料理の基礎知識

料理を作るうえで知っておきたいことを、わかりやすくまとめました。
使い方や下ごしらえ、調理のコツをしっかりとマスターすれば
料理の腕がぐんっとアップすること間違いなし！です。

基本の道具

料理を作る上でそろえておきたい基本の道具の数々。毎日使うものだから、サイズも使い勝手のよいものを選びましょう。

包丁 *刃渡り18〜20cm前後

使いやすい万能タイプ(三徳や牛刀など)がよい。はじめは手入れの楽なステンレス製から。

ボウル 大*直径20〜25cm 小*直径13〜18cm

食材を洗う、混ぜるなど使うことの多い道具。ガラス製よりも軽いステンレス製が便利。

ざる *直径18〜23cm

ボウルに重ねて使える大きさのものを選ぶ。ひっかける突起部分と持ち手があると使いやすい。

まな板 *22×37cm前後

始めは扱いやすいプラスチック製で。大きさもこれくらいのサイズが使いやすい。

バット

揚げものの粉をまぶす、食材の下味をつける、冷凍するなど、意外と使用頻度の高い道具。

ピーラー

皮をむくのに便利な道具。薄くリボン状にする、ささがきにするなど様々な用途にも使える。

すりおろし器

しょうがやにんにく、大根などをすりおろすときに。目は細か過ぎず、粗過ぎないものを。

トング

はさむだけで様々な作業がかんたんにできる道具。先がナイロン樹脂製のものがおすすめ。

キッチンばさみ

袋を切ったり、昆布やのりを切ったりと、包丁では切りにくいものに活躍してくれる。

Part 6 料理の基礎知識 基本の道具

玉じゃくし
お玉やレードルとも呼ばれ、汁などをすくうときに。先のとがったタイプはアク取りに使いやすい。

計量スプーン

計量カップ

はかり
はじめのうちはレシピ通りに分量をはかって調理したい。計量3点セットはそろえておくと便利。

フライ返し
菜箸では返しにくいものに。フッ素樹脂加工のフライパンを傷つけない合成樹脂のものがおすすめ。

木べら
炒めものなどを混ぜたり、使うことの多い道具。木製なので調理器具を傷めにくいのが特徴。

タイマー
ゆでる、揚げるなどの目安時間を知るために必要な道具。その間にほかの作業も安心して行える。

菜箸
必ずそろえておきたい道具。これひとつで調理の大部分をカバーできる。2組用意するとベター。

フライパン *直径24〜26cm前後
2人用ならこの大きさのものがジャストサイズ。ひとまわり小さいものもあると便利。

片手鍋 *直径18cm前後
煮ものや野菜の下ゆでなどに使う。大き過ぎないものを選んで。ふたもセットでそろえること。

両手鍋 *直径20cm前後
煮込み料理などに使う。長時間煮ても問題ない頑丈なものを選びたい。必ずふたもセットで。

基本の調味料

料理の味つけに必ず使う調味料。まずは基本的なものをそろえましょう。
冷蔵保存が好ましいものもあるので始めは少量サイズがおすすめ。

酒
肉や魚の臭みをとる効果があり、味をまろやかにし、風味をつけてくれる。

日本酒
レシピに「酒」とある場合は日本酒を使う。料理酒には塩分が含まれているので注意。

赤ワイン・白ワイン
洋風の料理に使われることが多く、一般的に肉には赤ワインを、魚には白ワインを使う。

みりん
砂糖よりもあっさりとした甘みが特徴。照りを出すほか、うまみを引き出す効果も。

本みりん
蒸したもち米から作られれている。レシピに出てくる「みりん」はこれを指す。

せ しょうゆ
和食の基本となる調味料。肉や魚の生臭みさを抑える効果などがある。

濃口しょうゆ
レシピに出てくる「しょうゆ」はこの濃口しょうゆを指す。色、香りともに濃いめ。

薄口しょうゆ
濃口よりも色が薄いが、塩分はこちらの方が多め。色を濃く出したくない料理などに使う。

そ みそ
大豆に麹、塩を加えて発酵させた調味料。最も一般的なのは米みそ。

米みそ
大豆と米麹から作られたみそでクセがない。レシピで特に指定がない場合はこの米みそを使う。

赤みそ
「八丁みそ」に代表される赤褐色のみそ。うまみや渋みもあり、赤だしのみそ汁などに。

白みそ
米みそのなかでも米麹の割合が高く、甘みが強いのが特徴。白っぽく塩分が控えめ。

さ 砂糖
和食の基本となる調味料。やわらかくする効果や照りを出す効果などがある。

上白糖
レシピに出てくる「砂糖」はこの上白糖を指す。くせがなく、様々な料理に使える。

グラニュー糖
サラサラとしたグラニュー糖は上品な甘さが特徴で、お菓子作りや飲みものに向く。

し 塩
味つけの基本となる塩には素材から水分を出す、アク抜きなどの効果がある。

自然塩
海水や岩塩などから作られたもの。ミネラルやうまみもあるので調味におすすめ。

精製塩
塩化ナトリウム99％以上の純度の高い塩。塩辛さが強いので下ごしらえなどに使う。

す 酢
殺菌や防腐、漂白などの効果がある。原料によって様々な種類がある。

米酢 純米酢
米から作られる米酢、純米酢はまろやかな酸味とコクが特徴。すし酢や酢のものなどに。

穀物酢
麦やとうもろこしなどの穀物から作る穀物酢は安価でくせもなく、様々な料理に使える。

知っ得！memo
料理の「さしすせそ」って？

調味料を加える順番を覚えやすく語呂合わせにしたもの。"さ"は砂糖、"し"は塩、"す"は酢、"せ"はしょうゆ（せうゆ）、"そ"はみそを指す。ただし、全ての料理に当てはまる訳ではないので基本として覚えておこう。

Part 6 料理の基礎知識

基本の調味料

豆板醤
そら豆に麹や塩、赤とうがらしなどを加えて作られる中国みそ。ピリッとした辛さが特徴。

テンメンジャン
小麦粉を原料に麹を加えて作ったみそ。甘めでコクのある味が特徴で、麻婆豆腐などに。

オイスターソース
塩漬けにした牡蠣（かき）を発酵させて作られる調味料。濃厚なコクとうまみが特徴。

パン粉・粉類

パン粉
パンを粉状にして作られる。ドライタイプと生パン粉があり、ドライタイプは保存がきいて便利。

小麦粉（薄力粉）
レシピに「小麦粉」とある場合、特に指定がなければ薄力粉を使う。ほかに中力粉、強力粉など。

片栗粉
主にじゃがいもでんぷんから作られ、煮ものなどのとろみづけ、揚げものの衣などに使う。

トマトケチャップ
トマトを原材料に塩などの調味料、野菜を加えて作られる。料理の味つけなどにも。

ソース
野菜や果実などに香辛料などを加えて作られる調味料。そのままかけることも多い。

ウスターソース
さらっとしたソースでややスパイシーな味が特徴。隠し味として使われることが多い。

中濃ソース
甘みがあり、ウスターソースに比べて濃度が高いのが特徴。揚げものやお好み焼きなどに。

油脂類

オリーブ油
特有の香りと風味をもつオリーブ油はオリーブの果肉を絞って作られる。パスタなどに使うことが多い。

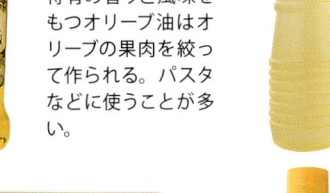

バター
牛乳を原料として作られる動物性油。加塩と無塩があり、レシピで特に指定がなければ加塩でよい。

サラダ油
植物性の油で菜種油、大豆油など様々な種類がある。クセがなく、様々な料理に使える。

ごま油
ごまを炒り、絞って作られるごま油は料理の風味づけなどに使われることが多い。

こしょう
下味や味を調えるときに使われる調味料。ピリッとした辛みと風味が特徴。

白こしょう
レシピで「こしょう」とあり、特に指定のない場合はこの白こしょうを使う。

黒こしょう
白こしょうよりも香り、辛みともに強め。粗びき、粒など料理に合わせて使い分ける。

マヨネーズ
卵、植物油、酢に調味料などを加えて作られる。サラダ以外にも様々な料理に合う。

調味料のはかり方

料理の決め手となる味つけ。失敗しないためにもレシピ通りの分量をはかりましょう。正しいはかり方を覚えて料理上手に。

（計量スプーン）

ほとんどのレシピはこの計量スプーンが基準。大さじと小さじをはかれるものを用意する。

大さじ1 15ml

小さじ1 5ml

はかり方

液体

1杯 
表面張力で盛り上がっているくらい、スプーンの縁ぎりぎりの状態が1杯。

1/2杯 
底が丸いので見ためは2/3強まで入れた状態が1/2杯。1/3杯は半分くらいが目安。

粉末

粉類を山盛りですくい、縁に沿ってナイフの背などですりきった状態が1杯。

1杯の状態にしてから1/2量を除く。1/3杯の場合は1杯を3等分して2/3量を除く。

手ではかる

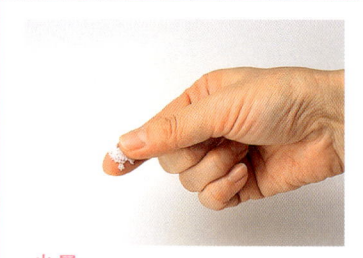

少量
親指と人差し指で軽くつまんだ分量。小さじにすると1/8程度になる。

ひとつまみ
親指と人差し指、中指の3本の指で軽くつまんだ分量。小さじにすると約1/5。

知っ得！memo

1かけって？
しょうが1かけは親指の先程度の大きさに切ったもので約10g。にんにく1かけは球根のようなかたまりの中のひとつで約10g。

Part 6 料理の基礎知識 — 調味料のはかり方

（計量カップ）

mlの目盛りのほかにカップ⅓、⅔の目盛りもあるものがほとんど。まずは200mlサイズをそろえて。

はかり方

液体

必ず平らな場所に置き、真横から見てカップのラインに合わせる。

粉末

かたまりなどがない状態で入れ、平らな場所で真横から見てラインに合わせる。

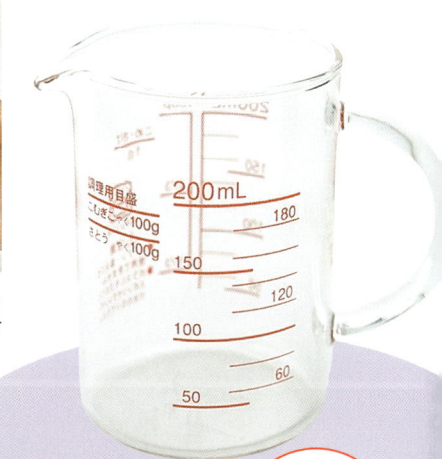

1カップ 200ml

知っ得！ memo

米をはかるのは付属の計量カップで

米は通常、炊飯器についている「合」という単位の専用カップではかる。米をざっくりとすくい、すりきった状態が1合。

（はかり）

食材の重さなどをはかるときに使うのがこのはかり。必ず平らな場所で使う。細かくはかれるデジタル製がおすすめ。

はかり方

容器に入れてはかる

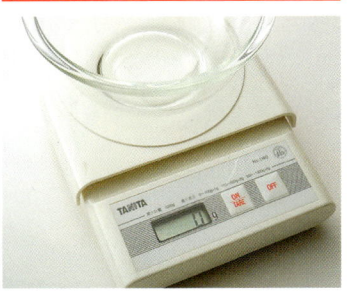

空の容器を先にセットしてから目盛りを「0」にリセットし、はかる材料を容器に入れてはかる。

直接のせてはかる

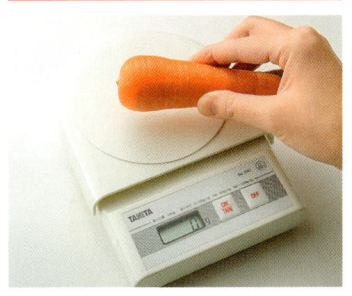

目盛りを「0」にリセットし、そのまま直接のせてはかる。ラップを敷くと汚れないのでラク。

包丁の使い方

料理は材料を切ることからはじまります。きれいな切り方は見た目だけでなく、食材にムラなく火を通すためにも大切な要素です。

（部位の名前・使い方）

包丁は部位によって名前、使い方が異なります。それぞれの特徴をつかんで上手に使いこなしましょう。

- 背
- 柄
- 刃先
- 刃
- 腹
- 刃元

刃先

腹ワタをかき出す
魚の頭を右、腹を手前に置く。裏側寄りの腹に切り目を入れ、刃先で腹ワタをかき出す。

ヘタをくり抜く
トマトは刃先でヘタの部分をくり抜く。

腹

つぶす
風味を油に移すときのにんにくは、縦半分にして芯を取り、腹をあてて上から押しつぶす。

刃元

かたい皮をむく
里いもなどの皮を厚めにむく場合は刃元を使い、下から上にむけて切る。

芯を取る
にんにくの芯を取る場合は縦半分に切り、刃元を使ってくり抜くように取る。

背

皮をこそげ取る
ごぼうの皮などをこそげ取る場合は、背で薄くこするようにこそげ取る。

たらこの中身を出す
たらこの中身を使うときは、薄皮を切り開き、背を使って中身をこそげ取る。

Part 6 料理の基礎知識
包丁の使い方と切り方

正しい包丁の持ち方

包丁の握り方

基本型
もっとも一般的な握り方
親指と人差し指の2本で柄のつけ根をしっかりと押さえ、残りの3本の指で柄を包むように握る。ほとんどがこの握り方で切ることができる。

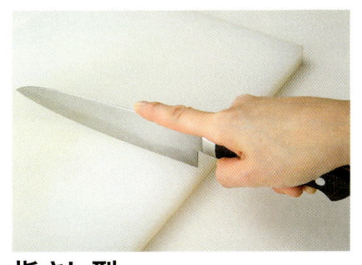

指さし型
刺身を薄く切るときなどに
基本型よりも刃寄りに手を置き、人差し指を包丁の背にあて、親指、中指、薬指で柄を握る形。刃先の微妙な力加減に便利。

押さえ型
大きな野菜や餅などを切るときに
親指の第一関節を刃元部分にあて、残りの4本の指で柄をしっかりと握る。力の弱い人や、かたいものを切る場合におすすめ。

握り方と手の添え方はどちらも大切
包丁の握り方と、手の添え方が正しいと、手早くきれいに切れるようになり、手を切る危険も少なくなる。

こんな手はNG！

指先を切ってしまう危険あり！
添える手の指をまっすぐ伸ばした状態で食材を切ってしまうと、指先を切ってしまう危険があるので指は軽く丸める。

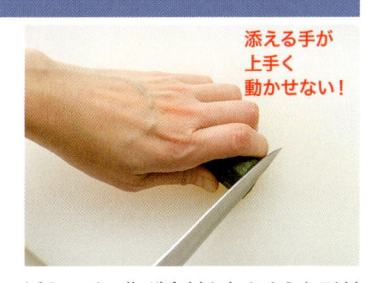

添える手が上手く動かせない！
添える手の指が食材を包むような形だと、スムーズにずらせなくなり、リズムよく切れずに指を切る危険があるので注意。

知っ得！memo

まな板をしっかり固定
まな板がすべるようであれば、水で濡らして絞ったふきんを下に敷く。まな板（調理台）の位置は、腰よりやや低めにするとよい。

押さえる手は軽く握る
指先を軽く丸めて猫の手のような形にし、第二関節に包丁の腹があたるようにする。添える手を少しずつずらせながら、切っていく。

基本の切り方

食材そのものの性質や、調理法に適した切り方があるので、しっかりと覚えましょう。

角切り（さいの目切り）

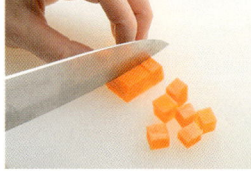

食材を約1cm四方になるように棒状に切る（この状態が拍子木切り）。棒状になったものをそろえて、端から約1cm幅に切る。

せん切り（縦）

食材を4〜5cm長さに切り、端から薄切りにする。薄切りをずらして重ね、端から細く切る。

せん切り（横）

食材の繊維に直角に包丁を入れ、2〜4mm幅に切る。やわらかい食感にしたいときにおすすめ。

小口切り

ねぎや万能ねぎ、きゅうりや赤とうがらしなど、細長い棒状の野菜を端から薄い輪切りにする。

短冊切り

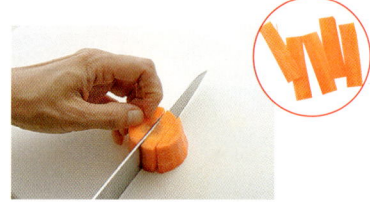

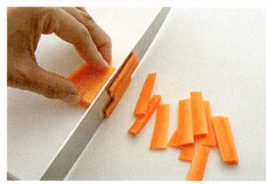

筒状の野菜を3〜5cm長さに切る。次に1cm幅に切り、繊維に沿って端から薄切りにする。

色紙切り

食材を使いたい正方形の薄切りの大きさになるように棒状に切り、端から薄切りにする。

輪切り

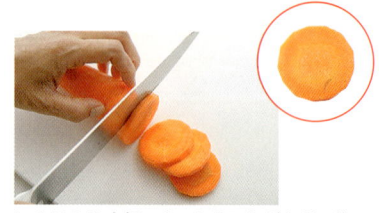

にんじんや大根、トマトや玉ねぎなど、筒状や球形の野菜を、料理に合わせて端から適当な厚さに切る。

半月切り

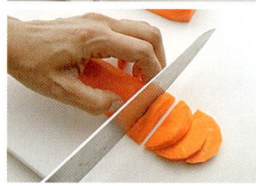

筒状や球形の野菜を縦半分に切り、次に切り口を下にしておき、料理に合わせて端から適当な厚さに切る。

いちょう切り

筒状の野菜を縦半分に切り、さらに切り口を下にして縦半分に切り、料理に合わせて端から適当な厚さに切る。

Part 6 料理の基礎知識

基本の切り方

ささがき
ごぼうを、鉛筆を削るように回しながら薄くそぐ。太いものは縦に切り込みを入れてから、薄くそぐ。

薄切り
食材を端から厚さをそろえて薄く切る。玉ねぎの場合は縦半分に切り、芯を手前にしておき、端から薄く切る。

斜め切り
きゅうりやにんじんなどの細長い野菜を、料理に合わせた厚さで、斜めに包丁を入れて端から薄く切る。

そぎ切り
食材に包丁を斜めに寝かせて入れ、手前に引くようにしてそぎ切りにする。白菜の軸なども同様に。

くし形切り
球形の野菜を縦半分に切り、トマトの場合はヘタを三角形に切り取り、皮を下にして放射状に切る。

ざく切り
青菜の場合は根元の先端を切り落とし、根元をそろえて適当な長さに切る（太い根元は2〜4等分に切る）。キャベツなどの場合は大まかに4〜5cm角に切る。

乱切り
食材を手前に回しながら、端から斜めに大きさをそろえて切る。

みじん切り（ねぎ）
使う分だけ刃先で縦に切り込みを数本入れ、切り込みが広がらないように押さえながら、端から細かく刻む。

みじん切り（玉ねぎ）
縦半分に切った玉ねぎの芯の手前まで縦に切り込みを入れる。包丁を寝かせて横に切り込みを入れ、端から細かく刻む。

野菜の下ごしらえ

調理の前に野菜にひと手間加えることは、加熱や味つけと同じくらい大切な工程です。
食感や味のしみ込み方を左右するので、しっかりと覚えておきましょう。

かぼちゃ

種とワタを取る
スプーンなどを使って種とワタを削り取る。傷みやすい部分なので、カットしたものを買った場合は、保存する前に取る。

知っ得！ memo

かたくて切れない場合は電子レンジで
ラップで包み、耐熱皿に皮を上にしてのせ、¼個（正味400g）につき電子レンジ（600W）で1分加熱する。

オクラ

ガクをむく
ヘタの先を少し切り落とし、ガクの周囲を包丁の刃元を使ってぐるりとむいて、取る。

うぶ毛を取る
口あたりをよくするために、塩を薄くつけて軽くもむようにしてうぶ毛を取る。

なす

ヘタを取る
ガクのつけ根部分に、まっすぐ包丁をあててヘタを切り落とす。残ったガクは手で取り除く。

アクを抜く
なすはアクが多く、切ったままにしておくと切り口が変色するので、すぐに水にさらしてアク抜きをする。

皮に切り目を入れる
皮に斜めや格子状、縦などの細かい切り込みを入れると、火の通りと味のしみ込みがよくなる。

ピーマン

ヘタと種を取る
縦半分に切り、ヘタの両側から包丁の刃先を入れてヘタと種をいっしょに取り除く。パプリカの場合も同様に。

果野菜

トマト

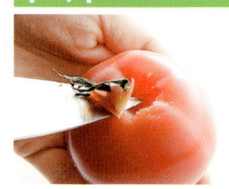

ヘタを取る
ヘタのまわりに、包丁の刃先を斜めに入れてぐるりと回し、ヘタをくり抜く。

皮の湯むき
❶ヘタを取ったトマトの反対側に十文字の切り込みを入れ、沸騰した湯につけて皮がめくれてきたら水にとる。

❷少しめくれた部分の皮を、包丁の刃元と親指ではさんで引っ張ってむく。残った皮も同様にし、全体をむく。

種を取る
横半分に切り、人差し指を使ってほじくり出すようにして、ゼリー状の部分ごと種を取り出す。

Part 6 料理の基礎知識 野菜の下ごしらえ

キャベツ

芯をくり抜く
丸ごと1個の場合、芯のまわりに包丁の刃先を斜めに入れてぐるりと回し、芯を取る。

せん切り
1枚ずつはがし、軸を切り取った葉を縦3〜4等分に切って数枚を重ね、繊維を断ちきるように端から切る。

白菜

軸を切り取る
白い軸の部分は葉の部分よりも火が通るまでに時間がかかるので、V字に切り取って、分けて使うことが多い。

レタス

丸ごとは芯をくり抜いてはがす
芯のまわりに包丁の刃先を斜めに入れてぐるりと回して芯を取り、葉をはがす。

冷水にさらす
冷水に5分ほどさらしてパリッとさせ、水けをよくきる。水きり器があると、手早く水きりができて便利。

葉野菜

青菜
ほうれん草、小松菜、チンゲン菜など

茎と葉に分ける
葉と茎は火の通り具合が違うので、適当な大きさに切り分ける。チンゲン菜の茎はくし形に切る。

茎を先にゆでる
たっぷりの熱湯に、茎、葉の順に入れてさっとゆでる。

ざるにあげる
再び沸騰したら、ざるに広げてあげ、あら熱をとる。

水けを絞る
両手を使って水けを絞る。そのまま器に盛り、割りじょうゆ、削り節をかけておひたしなどにしても（P.78参照）。

きゅうり

板ずり
きゅうりを横に並べて置き、塩適量をふって両手で前後に転がす。味のなじみがよくなる。

塩水にさらす
1本につき、カップ½、塩小さじ½の割合で混ぜ合わせた塩水に漬け、しんなりさせながら薄く下味をつける。

たたききゅうり
めん棒などで軽く割れ目ができる程度にたたくと、味がなじみやすくなる。力を入れすぎて砕かないように注意。

さや豆類

ヘタと筋を取る
ヘタのつけ根を折り取り、そのまま筋を引いて取る。最近のさやいんげんは筋が少ないので、ヘタを折るだけでもよい。

ししとう

切り目を入れる
加熱するとふくらんで破裂するので、包丁の刃先で切り込みを入れ、穴をあける。

里いも

洗う
たわしできれいに洗ってざるにあげる。皮をむくまえに乾かしておくと、むきやすく、ぬめりも出にくい。

皮をむく
乾いた里いもの皮をむく。極端に厚くむく必要はない。

知っ得！memo
炊き合わせ、含め煮などの皮のむき方、ぬめりの取り方

乾かした里いもの天地を平らに切り落とし、上から下にむけて縦6面（または8面）に皮をむく。たっぷりの水とともに中火にかけ、沸騰したらざるにあげ、水洗いをしてぬめりを取る。

大根

皮をむく
大きく切って煮るときなど、3〜4cm厚さの輪切りにし、内側の筋まで包丁を入れ、皮を厚くむき取る。

ごぼう

皮をこそげ取る
ごぼうの皮はむかずに、泥を落としてからたわしでよくこすってこそげるか、包丁の背で軽くこそげるようにする。

アクを抜く
切ってから時間が経つと変色するので、水に5分ほどさらす。さらしすぎると香りが飛んでしまうので注意。

玉ねぎ

皮をむいて芯を取る
❶上下を少し切り落とし、上のほうの切り口から、皮を下に向けて引っ張り、むき取る。

❷根元にあるかたい芯の部分に、斜めに包丁を入れて、V字型に切り取る。みじん切りにするときは残しておく。

チンゲン菜

縦に切る
チンゲン菜は、炒めものなどの場合は、芯をつけたまま縦½〜¼に切る。

竹串を使って洗う
茎に流水をあてながら、竹串を使って茎につまった汚れをかき出す。

根菜

かぶ

葉を切り落とす
煮ものなどは、茎を少し残して葉を切り落とす。漬けものやサラダなどは、茎をほとんど残さずに切り落とす。

竹串を使って洗う
茎を残す場合は、茎の間に泥が入り込んでいるので、少し水につけ、茎が開いたら流水をあてながら、竹串で泥をかき出すようにしてよく洗う。

176

Part 6 料理の基礎知識 野菜の下ごしらえ

花野菜

ブロッコリー

茎を切り落とす
全体を流水でさっと洗い、房の根元で茎を切り落とす。茎は捨てずにとっておく。

小房に分ける
小房の根元に包丁を入れ、小房ごとに切り分ける。

さらに等分する
小房の大きいものは、根元に切り込みを深めに入れ、手で割る。切ったそばから水につけて、ほこりなどを取り除く。

茎は皮をむいて一口大に切る
茎は下のほうのかたい部分を少し切り捨て、まわりの皮を、内側の筋まで厚めにむいてから、一口大に切る。

つぶす
縦半分に切って芯を取り除き、包丁の腹を使って上からグッと押してつぶす。

みじん切り
縦半分に切って芯を取り除き、せん切りにしたものを端から細かく刻む。

しょうが

皮をむく
表面の皮をできるだけ薄くそぐようにむく。下味用におろすときなどは、むかずに洗うだけでもよい。

せん切り（針しょうが）
❶せん切りにするときは皮を薄くむき、まずは繊維に沿って端から薄切りにする。 
❷薄切りを少しずつずらして重ね、繊維に沿って端から細いせん切りにする（ごく細いものが針しょうが）。

みじん切り
皮をむいて薄切りにし、数枚を少しずらして重ね、せん切りにする。横に向きをかえ、端から刻む。

じゃがいも

皮をむく
たわしで皮をよく洗ったあと、平らな面を1周ぐるりとむき、続いて残りの皮をむく。

芽を取る
芽にはソラニンという毒素があるので、包丁の刃元を使ってえぐり取る。

れんこん

皮をむく
両端を少し切り落とし、ピーラーで薄く皮をむく。くぼんだ部分の残った皮は、包丁で削り取る。

アクを抜く
でんぷん質が多く、変色しやすいので、酢水（水カップ3につき酢大さじ1）に漬けてアクを抜く。

にんにく

皮をむく
1株の外側の皮を少しむいて1かけをはずし、根元から上に向かって薄皮をむくとむきやすい。

しいたけ

石づきを取る
しいたけやしめじの軸先にある、汚れてかたい部分を切り落とす。

軸を取る
肉詰めなどに使うときは根元から軸を折る。残った軸は石づきを取り、切って使う。

飾り切り
かさの中央から放射状に数本、左右から斜めに包丁を入れ、V字の切り込み線を入れる。

> **知っ得！ memo**
> **きのこは洗わない方がよい？**
> きのこは吸水しやすいのでなるべく洗わない。ペーパータオルで汚れやほこりをふき取る。マッシュルームは、泥のついている部分を切り落とし、水につけずに流水でさっと洗う。

セロリ

葉と茎を切り分け、筋を取る
葉のつけ根に包丁を入れ、葉と茎を切り分ける。根元のほうから包丁を浅く入れ、茎の表面の筋をスーッと引いて除く。葉はスープなどの香味野菜に、茎はサラダや炒めものなどに。

もやし

ひげ根を取る
面倒でもひげ根と、あれば豆殻を取り除くと、口あたりがよくなり、臭みもなくなる。

きのこ類

えのきだけ

石づきを切り落としてほぐす
筋がついたところのやや上から下の部分を切り落とし、石づきを除く。根元のつながっている部分をほぐす。

しめじ

石づきを取り、小房に分ける
大きいものは石づきのほうから手で大きめに裂き、石づきを切り落とす。食べやすい大きさの小房に手で裂く。

茎野菜

アスパラガス

根元を切り落とし固い皮をむく
根元1cmを切り落とし、下のほうのかたい部分5cm程度の皮をむく。

> **知っ得！ memo**
> **はかまは取る？取らない？**
> 最近のアスパラガスは皮もやわらかいものが多く、はかまも取らずにそのまま調理することが多い。

ねぎ

白髪ねぎ
❶ 4〜5cm長さに切り、縦に1本、中心まで切り目を入れる。

❷ 芯を取り除いて広げ、まな板に縦に平らに置いてせん切りにする。

❸ いったん水にさらして、水けをきる。

肉の下ごしらえ

ある程度加工されている肉ですが、筋を切ったり、脂身を取り除いたりするひと手間で、料理がよりおいしくなります。

筋を切る
筋をそのままにして加熱すると、縮んで肉が反り返ってしまうので、白い脂身の外側、内側と赤身の境目に包丁の刃先で5～6カ所切り目を入れて筋を切る。

下味に漬ける
酢豚などのかたまり肉は、酒が入った合わせ調味料に漬けておけば、肉の中まで味がしみ渡る。

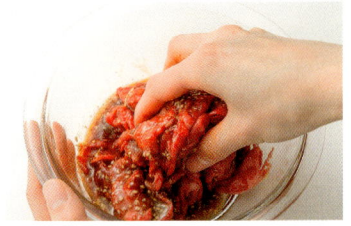

下味をもみ込む
合わせ調味料を薄切り肉にもみ込んでおくと、味のしみ込みが早い。

室温にもどす（ステーキ肉）
ステーキやローストビーフの場合、焼く前に冷蔵室から取り出して室温にもどしてから焼くと、加熱のムラがなくなる。

切り込みを入れる
手羽中の骨と骨の間に、縦に切り込みを入れる。火の通りがよくなり、味もしみ込みやすい。

水で洗う
肉は基本的には洗わないが、骨つき肉は血がついている場合があるので、さっと水洗いをして水けをふき取る。

豚肉・牛肉

一口大に切る
薄切り肉は、数枚を重ねて食べやすい大きさに切る。一枚ずつ切るよりも、切りやすい。

細切りにする
大きさをそろえ、適当な長さに切る。

鶏肉

余分な脂肪を取り除く
もも肉の皮と肉の間にある黄色い脂肪や、皮が多い場合は取り除いてから調理した方が、脂っぽくならない。

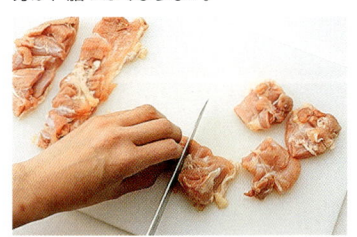

一口大に切る
もも肉などは皮を下にして一口大に切るとすべらず、均一に切れる。

そぎ切りにする
もも肉の繊維に垂直に包丁をあて、やや寝かせるようにして薄くそぐように切る。火の通りと口あたりがよくなる。

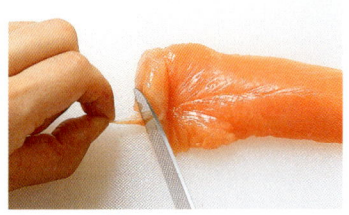

ささみの筋を取る
ささ身は太い方の先端に出ている白い筋の端を持ち、ささ身に包丁をあてながら、引っ張って取り除く。

魚介の下ごしらえ

旬の魚介をおいしくいただくためにも、ぜひ覚えたい下ごしらえ。
いったん覚えると、毎日の料理に自信がつきます。

二枚・三枚おろし
あじ

❶頭を切り落とす
頭の背側から胸びれの下に向けて包丁を入れ、頭を切り落とす。※焼き魚の場合はうろことぜいごを取ってから頭を切り落とす。

❷腹ワタをかき出す
腹側を、尻びれの手前から切り開き、包丁の刃先を使って腹ワタをかき出す。

❸腹の中を洗う
腹の中、とくに血合いの部分は指でこするようにしてよく洗い、ペーパータオルで水けをふき取る。

❹腹の方から切る
包丁を寝かせ、腹側から中骨の上に沿って包丁を入れる。

❺背の方から切る
次に魚の向きを変えておき、背側の尾のつけ根から中骨の上に沿って包丁を入れる。

❻尾の方から切る
尾を持ちながら、尾側から頭の方へ向けて包丁を動かし、上身をはずす。

❼上身をはがす
上身と尾がつながった部分は、包丁を反対に尾の方に向けて入れ、切り離す。

二枚おろし完成！

❽二枚おろしの完成！
写真のように上身と中骨のついた下身のように切り分けたら、二枚おろしの完成。

❾背の方から切る
下身を背を手前にしておき、頭の方から中骨の上に包丁を入れ、中骨に沿って尾のほうへ切り進む。

❿腹の方から切る
向きを変え、尾から中骨の上に包丁を入れる。もう一度包丁を入れ、身を持ち上げるようにして中骨を切り離す。

三枚おろし完成！

⓫三枚おろしの完成
⑦と同様に、尾の部分を切り離せば、三枚おろしの完成。

ラクラクpoint
腹ワタを出すときは、新聞紙を敷く
まな板の上に新聞紙を敷いておけばまな板が汚れない。腹ワタもそのまま包んで捨てられて便利。

180

Part 6 料理の基礎知識 — 魚介の下ごしらえ

❸指を入れてはがす
腹を手前に持ち、親指を入れて中骨に沿って背骨の際まで、骨と身をはがしていく。

❹尾まで開ききる
そのまま親指を尾まで動かし、片側を開ききる。

❺骨を折って取る
背側についている中骨を指でつまむようにして起こし、引っ張ってはがす。つけ根を左手で軽く押さえて折り取る。

❻腹骨をそぎ取る
最後に、腹骨を包丁を寝かせて薄くそぎ取る。

一枚開きは蒲焼きやパン粉焼きなどにむく。三枚開きは煮つけ（P.44「いわしの梅煮」）や包丁でたたいてつくねなどに使いやすい。

❺残りも同様に切る
上身を切り離したら、反対側の身は中骨を下にし、同様に中骨に沿って、包丁を一気に入れる。

❻三枚おろしの完成
写真のように三枚におろせたら完成。このあと、腹骨を包丁を寝かせて薄くそぎ取る。

手開き（一枚開き）
いわし

❶うろこを取り、頭を切り落とす
うろこを包丁の刃先で身を傷つけないようにこそぎ取る。胸びれの下に包丁を入れて頭を切り落とす。

❷腹を切り開き、腹の中を洗う
腹を肛門まで切り開き、腹ワタを包丁の刃先を使ってかき出す。水で血合いなどを洗い流し、ペーパータオルで水けをふき取る。

さんま

❶頭を切り落とす
胸びれを持ち上げ、かまの部分に包丁を入れて頭を切り落とす。

❷腹ワタをかき出す
腹側に肛門まで包丁を入れて開き、包丁の刃先で腹ワタをかき出す。

❸腹の中を洗う
水洗いする。特に腹の中は流水でよく洗い、血合いをていねいに取り除き、ペーパータオルで水けをふき取る。

❹頭の方から切る
頭側から尾に向けて、一気に中骨の上に沿って包丁を入れる。切り進んだら、添える手は頭のほうにおく。

いか

❶腹ワタを抜く
胴に指を入れ、胴とワタの接着部を、ワタが破けないようにはずして取り出す。胴に残った透明の軟骨も抜き取る。

❷ワタ、目の部分を切り離す
目の上の、くちばし（からすともいう黒い部分）のあたりでワタを切り離し、続いて足から目の部分を切り離す。

❸くちばしを取る
②の切り口から下に押し込むようにして、反対側からくちばしをむしり取る。

❹足を切る
足は長さを切りそろえ、つけ根を切って開く。足の吸盤は包丁で押さえるようにして切り落とす。

あさり

❶砂抜きをする
バットに海水程度（3％前後）の塩水とあさりを入れ、新聞紙などで暗くして1時間ほどおき、砂抜きをする。

❷こすり合わせて洗う
あさりをすくってボウルに入れ、殻をこすりあわせて汚れを洗い落し、ざるにあげて水けをきる。

知っ得！memo
あさりのむき身をパパッと洗う
むき身はざるに入れ、薄い塩水に入れて身をつぶさないようにやさしく洗い、水けをきる。

かき

薄い塩水で洗う
かきはざるに入れて薄い塩水のなかで身をふるようにして洗い、汚れや殻の破片などを取り、水けをよくきる。

あらなど

臭みを取る
ぶりのあらなどは、熱湯でさっとゆで、水にとって流水でよく洗う。

さば

飾り包丁を入れる
さばは水けをよくふき取り、身の厚い部分の皮に十文字の切り目を入れて火の通りをよくする。

たらこ

❶腹を切る
たらこは、包丁の刃先を使って薄皮に縦に切り込みを入れ、開く。

❷中身を出す
包丁の背を開いた薄皮に押しつけるようにしながら動かし、中身をこそげ取る。

Part 6 料理の基礎知識 / 魚介の下ごしらえ

えび・殻つき（無頭）

❺尾の水を出す
尾の先端を切り落とし、包丁の背を使って、尾先の中の水分をしごき出す。揚げものにするときに、油がはねるのを防ぐ。

むきえび

❶片栗粉をまぶしてもむ
むきえびは、片栗粉をまぶして軽くもむと、汚れを片栗粉に吸着させることができる。

❷水けをふく
もんだえびは水で洗い、片栗粉と汚れをいっしょにきれいに落とす。ペーパータオルで水けをふく。

❶殻をむく
特に尾までむく指定がなければ、頭のほうから、尾と尾に続く1節を残して殻をむく。

❷背ワタを取る
背側を丸め、背中に竹串を浅く刺し、黒い糸状の背ワタを取る。無頭のものは、処理済みの場合もある。

❸腹に切り目を入れる
腹側に浅い切り目を数本入れる。裏返して背の方から軽く押さえ、加熱時に丸まるのを防ぐ。

❹腹をのばす
両手を使って持ち、軽く折り曲げるようにしてまっすぐにのばすと、さらに丸まりにくくなる。

❺エンペラをはずし、皮をむく
エンペラを引っ張って胴からはずし、そのまま胴の皮をむく。鮮度がよいものは胴まで一気にむけることが多い。

❻胴を切り開く
皮が残ってしまったら、ペーパータオルを使うとすべらずにむける。胴の軟骨のついていたところに包丁を入れて開く。

❼薄皮を取る
内側の薄皮もペーパータオルでこすってはがし、洗って水けをふく。

知っ得！memo

エンペラってなに？
胴の先端にある三角形をしたひれの部分。胴の部分よりややかたく、コリコリとした食感が特徴。「みみ」と呼ばれることも。

卵・豆腐・乾物などの下ごしらえ

お買い得な卵と豆腐、買いおきができる乾物は常備食材の定番。
下ごしらえを覚えて、毎日の食卓に積極的に取り入れましょう。

崩れにくくする
麻婆豆腐などにするときは、豆腐をさっと下ゆでをする。水きりと同様に水分が抜け、崩れにくくなる。

油揚げ

油抜き
● **熱湯をかける** 油揚げをざるにのせ、上下を返し、上から熱湯を回しかけると、かんたんに油抜きができる。

● **湯通しする** 鍋に熱湯を沸かし、さっとゆでれば、しっかりと油抜きができる。

● **電子レンジで加熱する** ぬらしたペーパータオル2枚で包み、ターンテーブルの端にのせ、ラップはかけずに電子レンジ弱（200W）で30秒加熱し、油をふく。

黄身と白身に分ける
割った殻をそれぞれ両手に持ち、卵黄を、あいている殻へ移すことを何回かくり返し、卵白をボウルに落とす。

豆腐

水切りをする①
揚げ出し豆腐などにするときは、使う大きさに切ってからペーパータオルで包み、しばらくおいて水きりをする。

水切りをする②
白あえや豆腐ハンバーグなどに使うときは、厚みを半分に切ってからペーパータオルで包み、しばらくおいて水きりをする。

水切りをする③
ペーパータオルで包んで耐熱皿の端にのせ、ラップはかけずに電子レンジ弱（200W）で1丁につき8分加熱し、水けをふく。

卵

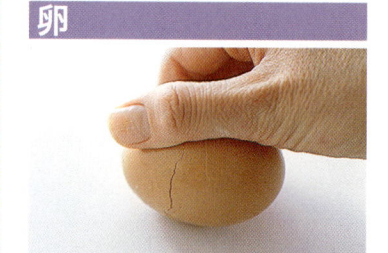

卵を割る
調理台の平らなところに、卵を軽く打ちつけてひびを入れ、ひびに両手の親指を入れて割る。

崩れにくい入れ方
高い位置から落とすと黄身が崩れることがあるので、ボウルに割り入れてから、すべらすように入れる。

溶きほぐす
卵白を切るように混ぜる。最初は菜箸で持ち上げて切り、次に箸先を容器の底にあて、左右に動かすようにする。フォークを使うと白身が切れやすくラク。

※電子レンジはメーカーや機種によって加熱具合が異なる場合があるのでようすをみながら加減する

Part 6 料理の基礎知識
卵・豆腐・乾物などの下ごしらえ

塩蔵わかめ

塩分を抜き、もどす
ボウルにたっぷりの水を入れ、わかめは切らずにそのまま入れる。軽くもみ、塩を落とす。

知っ得！memo
急激に冷やすと色鮮やかに
水で洗って塩を落とし、熱湯にさっと通して冷水で急激に冷やすと鮮やかな緑色になる。

こんにゃく

スプーンでちぎる
スプーンでくり抜くようにして、一口大にちぎる。表面積が増え、表面に凹凸ができて味がしみ込みやすくなる。

水からゆでる
適当な大きさに切ったこんにゃくを2～3分ゆでる。独特の臭みが抜けて、食感もよくなる。

干ししいたけ

水でもどす
水につけてもどす。時間は大きさによって異なるので袋の表示時間通りに。もどし汁はだし汁として使える。

知っ得！memo
急ぐときは砂糖を加える
早くもどしたいときは砂糖少量（4枚につき小さじ1）を加えてさっと洗い、かぶるくらいのぬるま湯につける。砂糖が加わっているので調味料の分量を加減する。

春雨

熱湯でもどす
鍋に熱湯を沸かし、火からおろす。春雨を加え、そのまま10分ほどおく。

切り干し大根

電子レンジでもどす
耐熱ボウルに切り干し大根20g、水カップ2を入れる。ラップをかけて電子レンジ（600W）で3分加熱し、5分ほどおく。（水で戻す場合は30～40分目安）

きくらげ

熱湯でもどす
ボウルにたっぷりの熱湯を入れてきくらげを入れ、冷めるまでおいてもどす。冷めたらもみ洗いをして汚れを落とす。

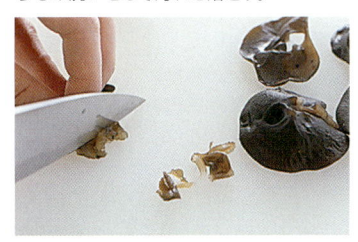

石づきを取る
手でさわってみて、かたい部分（石づき）があれば、包丁で切って取り除く。

ひじき

水でもどす
さっと水洗いをし、たっぷりの水に30～40分つけてもどす。砂などが入らないように手ですくって水けをきる。

電子レンジでもどす
耐熱ボウルにひじき10g、水カップ1を入れる。ラップをかけて電子レンジ（600W）で3分加熱して5分ほどおき、流水で洗って水けをきる。

火加減と水加減

火加減と水加減は、料理をレシピ通りにおいしく作るために、とても大事な要素です。
目で見てしっかりと調節できるように覚えておきましょう。

（火加減）

弱火
コト コト

コンロのつまみは消火に近く、火が鍋底につかない状態。鍋の中では材料がほとんど動かず、汁も水面が静かに震える程度。さらに弱めると「とろ火」になる。

中火
フツ フツ

コンロのつまみを全開と消火の中間にし、火の先が鍋底についている状態。鍋の中では材料が静かに動き、汁はポコッ、ポコッと煮立つ程度。

強火
グツ グツ

コンロのつまみをほぼ全開にし、火が鍋底からはみでない程度に、勢いよくあたっている状態。鍋の中では材料が動き、汁はグラグラと煮立つ程度。

（水加減）

ひたひた
材料をできるだけ平らに入れた状態で、材料の頭がところどころ出る状態。煮崩れしないよう煮込むときに。

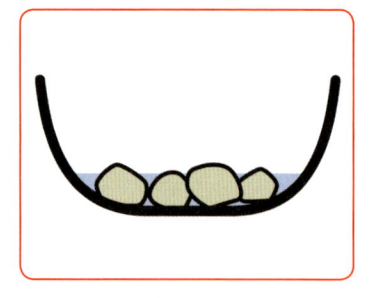

かぶるくらい
材料をできるだけ平らに入れた状態で、材料の頭がちょうど隠れる程度の状態。野菜や卵をゆでるときに。

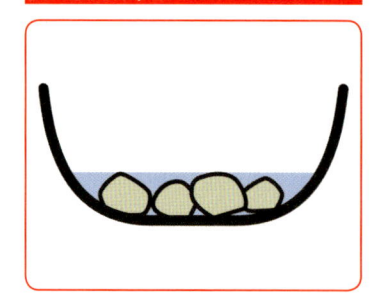

たっぷり
材料をできるだけ平らに入れた状態で、材料がすっぽり浸っている状態。長時間じっくり煮込むときに。

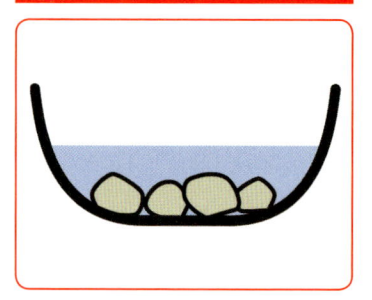

基本の調理法

基本の調理法である「炒める」「焼く」「ゆでる」など、それぞれのコツを詳しく紹介します。
ポイントをしっかりおさえれば、料理の腕が格段に上がること間違いなし。

炒める

（炒める）

お料理初心者さんでも手軽に取り入れられる調理法です。基本的には「手早く」が鉄則なので、下準備が大切。ちょっとしたひと手間でワンランクアップ！の味に仕上げるコツを紹介します。

出てきた脂はふき取る
脂分の多い肉を炒めると仕上がりが油っぽくなるので、出てきた脂は必ずペーパータオルなどでふき取る。ヘルシーな上、臭みも取り除くことができる。

香りをしっかり出す
にんにく、しょうがなどは油とともに熱し、焦げないよう弱火もしくは弱めの中火で香りが立つまで炒める。

準備

材料は大きさ、形をそろえる
均一に火を通すため、食材の大きさはそろえて切る。長さや形をそろえることで仕上がりもきれいに。

仕上げ

野菜は、火の通りにくいものから炒める
野菜は、根菜などの火の通りにくいものから順に炒める。葉物は比較的早く火が通るので最後に加えてさっと火を通す。

材料・調味料はすべて用意をしておく
炒めものは、スピード勝負。炒めている途中に調味料を準備していると炒めすぎ、焦げつきなどにつながるため、材料、調味料はフライパンの横に準備しておく。

調味料は鍋肌から入れる
野菜炒めやチャーハンなどを作る際は、鍋肌から調味料を回し入れることによって汁けがとんで、香ばしく仕上げることができる。

肉、魚介、卵は一度取り出す
炒めた肉や魚介は一度取り出すことで、素材がかたくなるのを防ぎ、均一に火を通すことができる。野菜から出る水分で、肉を水っぽくさせない効果も。

炒めた野菜やごはんに、溶き卵を直接流し入れるとべたっとした仕上がりになるため、一度半熟程度に炒めて取り出し、また戻し入れて火を通すのがおすすめ。卵がかたくなるのも防ぐ。

強火で仕上げる
強火で炒めると、水分が出ないので素材の食感を生かしたまま調理することが可能。

合わせ調味料を用意しておく
合わせ調味料もあらかじめ混ぜ合わせておくのが原則。沈殿しやすいものは、使う直前に再度混ぜ合わせてから加える。

（焼く）

かんたんそうな「焼く」という作業も、おいしさを左右するポイントがたくさん！仕上がりをきれいに見せるコツもぜひ覚えて下さい。

焼き料理のつけ合わせ

メイン料理を先に焼く

メイン料理を取り出し、残った煮汁につけ合わせの食材を入れ、汁けが飛ぶように煮からめる。

メイン料理を後に焼く

油をたっぷり入れて揚げ焼きにしながらつけ合わせを作る。肉は焼きたてがおいしく、すぐに焼けるので、つけ合わせのじゃがいもを先に焼く。

同時に焼く

メイン料理を端によせ、フライパンの空いたスペースにつけ合わせの材料を入れて同時に焼いて取り出す。調理時間が短縮できる。

ふたをして焼く

中までしっかりと火を通すのはもちろん、肉汁などの水分が蒸発し、乾燥してしまうのを防ぐ効果も。ふたをすればジューシーに仕上がる。

湯を入れてふたをし、蒸し焼きにする。水ではなく、湯を入れることで温度を下げることなく、短時間で焼くことができる。

パリッと焼く

ふたで肉を軽く押しつけながら焼けば、余分な脂が外に出てパリッと仕上げることができる。脂は再び中に戻ることはないが、肉の臭みも出るのでしっかりとふき取る。

魚をきれいに焼く

焼く直前に塩をふると、皮がパリッとし、身崩れを防ぐ効果がある。尾びれや背びれに多めに塩をすり込む「化粧塩」は焼けすぎを防ぎ、形よく焼きあげたいときに。

フライパンはよく熱する

フライパンを十分に熱してから具材を入れれば、フライパンへのこびりつきを防げる。油をひいてから熱することで、フライパン全体に熱がいき渡り、焼きムラを防ぐ効果も。

表側をきれいに焼く

肉、魚を焼く際は、盛りつけたときに表になる面から焼くときれいに焼ける。一尾魚は、頭を左側、腹手前に盛りつけるので、表身を下にして焼く。

料理の基礎知識
基本の調理法（焼く・ゆでる）

知っ得！memo
下ゆでの目的

火の通りをよくし、味をしみ込みやすくする
火の通りの悪い食材は、下ゆですることにより中までしっかりと火が通り、調理時間も短縮できる。根菜などは味つけの際、中までしっかりと味をしみ込ませることができる。

アクをとる
アクの強い食材はえぐみがあるのでしっかりと下ゆでをする。

臭みをとる
脂やアクの多い魚や肉は、熱湯でさっと下ゆでして臭みをとる。魚のあらは下ゆでしたあと水にさらし、血合いをきれいに洗う。

水からゆでるもの
- じゃがいも
- にんじん
- 大根
- ごぼう
- れんこん

湯からゆでるもの
- ほうれん草
- さやいんげん
- ブロッコリー
- 小松菜
- アスパラガス

（ゆでる）
下ゆでは、料理をおいしく作るためにとっても必要な工程です。ただゆでるのではなく、水からゆでる、お湯からゆでるなどの使い分けをしっかりと覚えておきましょう。

めん類をゆでる
パスタ
塩を入れて沸騰させた湯に、パスタを放射状に広げながら入れる。下の方からやわらかくなり沈んできたら、くっつかないように菜箸でかき混ぜる。

知っ得！memo
パスタをゆでる塩は塩分1%
パスタは、湯1.5ℓに対して大さじ1（1%）の塩を入れてゆでる。湯の沸点（沸騰した際の温度）を上げる、パスタに塩けをしみ込ませるなどの効果が。

冷凍うどん
冷凍うどんは凍ったまま、沸騰した湯に入れて袋の表示時間通りにゆでる。

水からゆでる
じゃがいも・にんじん
じゃがいも、にんじんなどの根菜類は、火が通りにくいので水からゆでる。

お湯からゆでる
さやいんげんなど
いんげん、ブロッコリー、ほうれん草などはお湯からゆでる。すぐにやわらかくなる野菜は色よく仕上げるためにお湯からゆでる。ゆですぎに注意。

卵
ゆで卵は湯からゆで、ゆであがったらすぐに冷水にとってヒビを入らせておくと殻がむきやすくなる。卵は、温度が均一に保たれている、冷蔵室から出したばかりのものを使用する。

（煮る）

煮ものは炒め煮、煮びたし、煮つけなどさまざまな煮方があります。落としぶたのテクニックなども覚えておいしく作りましょう。

落としぶたをする

鍋の直径よりひと回り小さいふたを、材料に直接のせて煮る。煮汁が少ないときでも、食材全体に煮汁をいき渡らせる効果がある。

落としぶたをする理由
- 煮汁を全体に行き渡らせる
- 食材の煮くずれを防ぐ

煮汁を回しかける

煮魚やかぼちゃの煮ものなどは、煮崩れやすいので、スプーンや玉じゃくしで煮汁をすくい、上から全体にかけて味をムラなくつける。

煮つめる

煮汁を加熱して水分をとばし、とろりとさせる。煮汁の味が濃縮され、みりんや砂糖が入っている場合は、料理に照りが出る。

煮からめる

煮つめて濃くなった煮汁を、全体にからませて仕上げる。いかなどの魚介類は煮すぎるとかたくなるので、一度取り出し、汁を煮つめてからもどし入れる。

アクを取る

食材を煮て表面に浮いてかたまった小さな泡を、玉じゃくしなどで取り除く。そのままにしておくと、臭みなどの原因に。最近はアクの少ない食材も多い。

炒め煮

食材を油で炒めてから、煮汁や調味料を加えて煮るので味がしみ込みやすくてコクが出る。

煮びたし

煮汁を入れて煮立て、小松菜やチンゲン菜などを加えてさっと火を通す。アクが少なく、火の通りやすい野菜を使う。

煮つけ

少なめの煮汁を煮立て、魚などを加えて煮る。煮ながら食材に味をつけ、煮汁が少し残るくらいにこってり煮る。

ひと煮立ちさせる

煮汁などをフライパンに入れ、沸騰してひと呼吸おき、すぐに火を止める。こうすることでアルコール分（臭い）をとばし、うまみだけ残すことができる。

知っ得！memo

落としぶたがないときは

クッキングシートで代用
クッキングシートを折りたたみ、鍋の直径よりひと回り小さくなるように切る。蒸気が抜ける穴を切ってあけ、広げて使う。

アルミホイルで代用
アルミホイルを切り、鍋より小さいサイズに端から折りたたみ、中心に穴をあける。くしゃくしゃにしてからのばせば、アクを取る効果も。

（揚げる）

揚げものは、温度調節が大切です。温度計がない場合も目で見て判断できるよう、しっかりとコツを覚えておきましょう。

きれいに揚げる

揚げかすはその都度取る
揚げかすをこまめに取ると、油の質が長持ちする。食材に揚げかすが、つくのも防げる。

静かに入れる
揚げものの材料は静かに入れ、油はねを防ぐ。かき揚げなど、形の崩れやすいものはスプーンなどですくってそっと落とし入れる。

カラリと揚げる

一度に入れすぎない
揚げものは、一定の温度でカラリと揚げるのが大切。一度にたくさん入れてしまうと温度が急激に下がるので注意して。

油をよくきる
油はしっかりときる。網の上にのせて油をしっかりきることで、揚げものがベタッとしない。

下ごしらえ

破裂・油はねを防ぐ
ししとうはそのまま揚げると破裂して危ないので、必ずつまようじで穴をあける、または切り込みを入れる。えびは尾の水で油がはねるので、しっかりとしごき出す。

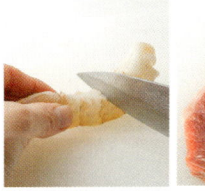

身の縮み、そり返りを防ぐ
えびは腹側に浅い切り目を数本入れ、縮まないよう軽くのばしてまっすぐにする。豚肉は、脂身とまわりの赤身の境目に切り目を入れて筋切りすると縮まない。

小麦粉はまんべんなくつける
小麦粉をしっかりとつけておくことで、衣がはがれにくくきれいに仕上がる。ただ、つけすぎはかたくなる原因に。余分な粉をしっかりと落とすのも大切。

知っ得！memo
適温を確かめる
低温のときよりも少し大きな泡がまっすぐにあがってくる。箸でなく、少量の衣を箸先につけてふり落とし、底についてすぐに浮きあがってくることでも判断できる。

温度の目安

低温＊150～160℃

乾いた菜箸を入れ、菜箸の先から小さな泡が少しだけ、ゆっくりと出る状態。衣をたらすと底まで沈み、ゆっくりとあがってくる。
●さつまいもやししとうなどのでんぷんを多く含むもの、緑色を残したいもの

温度の目安

中温＊170～180℃

乾いた菜箸を入れ、菜箸の先から小さな泡がシュワシュワと静かに出る状態。衣をたらすと途中まで沈み、あがってくる。
●唐揚げ、かき揚げなどほとんどの揚げものは170℃が基本。魚介類の天ぷらなどはかたくなるので、180℃で短く揚げる。

温度の目安

高温＊190℃

乾いた菜箸を入れ、菜箸の先から泡がわーっと勢いよく出る状態。衣をたらすとすぐに水分が蒸発し、表面で散る。

（蒸す）

蒸し料理は蒸し器、せいろがなくても家庭にある鍋やフライパンでかんたんにできます。今までチャレンジしたことがなかった方にもおすすめしたい調理法です。

鍋で蒸す
茶碗蒸し

❶鍋に水を深さ1〜2cm程度張り、沸騰させてから茶碗を並べ入れる。

❷ふたをふきんで包み、少しずらしてのせる。ふきんで包むことで水蒸気のしずくが卵液に落ちない。

フライパンで蒸す❶
シュウマイ

❶フライパンにキャベツを敷き、その上にシュウマイをのせる。均一に蒸すために、シュウマイは等間隔に並べ入れる。

❷水を注ぐ。シュウマイに水がかからないよう、鍋肌からゆっくりと注ぎ入れる。

❸蒸気が逃げないよう、ふたをしっかりとのせて蒸す。フライパンにぴったりのふたを用意しておくと便利。ない場合はアルミホイルをかぶせてもよい。

フライパンで蒸す❷
あさりの酒蒸し

❶フライパンにあさりを入れ、酒大さじ1を加える。

❷ふたをのせ、弱めの中火にかける。

❸あさりの殻が開いたらできあがり。加熱しすぎると身がかたくなるので殻が開いたものから取り出す。

せいろで蒸す

鍋に湯を沸かし、その上にせいろをのせる。適当に蒸気が抜けるのでふたをふきんで包まなくてもよい。シュウマイなどを作る際は、せいろにオーブンシートを敷き、その上にのせるとくっつかず、取り出しやすい。

知っ得！memo

穴があいてしまう
写真のように茶碗蒸しに穴があいてしまった状態を、「す」が立つという。火の通しすぎに注意する。

（あえる）

あえる＝混ぜ合わせる調理はとてもかんたんですが、おいしく作るには下ごしらえがとっても重要。種類豊富なあえごろもも覚えてレパートリーを増やして下さい。

ドレッシングをからませるコツ

水にさらし、しっかりと水けをきる
水に5分ほどさらして、パリッとさせる。水けをしっかりときることで、シャキッとした食感を出すことができる。

葉は手でちぎる
サラダは手でちぎることで凹凸ができ、ドレッシングがからみやすくなる。食べやすい大きさにちぎるのもポイント。

あえごろもの準備
あえごろもは先に混ぜ合わせておく。砂糖、塩などは、かたまりが残りやすいので、スプーンなどでよく混ぜて溶かす。

食べる直前にあえる
あえてから時間をおくと、徐々に食材から水けが出てくるので、できるだけ食べる直前にあえる。

下ごしらえ

大きさをそろえる
味がしっかりと均一になじむよう、材料の大きさはそろえておく。きゅうりなど、小口切りにするものは厚さをそろえる。

しっかりと水切りをする
あえたときに水っぽく、ベタッとした仕上がりになるので、水けはしっかりときっておく。

知っ得！ memo

あえごろもと合わせ酢

あえごろも
あえごろもとは、具材をからめるために混ぜ合わせた調味料のこと（ある程度濃度のあるもの）。
（種類）
● ごまあえ（白ごま、黒ごま）
● 白あえ（豆腐）
● 酢みそあえ（酢、みそ）
● 梅肉あえ（梅干し）…など

合わせ酢
さっぱりした二杯酢は魚介類などに、三杯酢は野菜の酢のものなどにむく。甘酢はなますなどに使われる。たっぷり使いたいときなどはだしで加減するとよい。
● 二杯酢
酢（または柑橘類の絞り汁）…大さじ1　しょうゆ…大さじ1
● 三杯酢
酢…大さじ1　しょうゆ…大さじ1　砂糖…大さじ1/3
● 甘酢
酢…大さじ1½　砂糖…大さじ1　塩…小さじ1/3〜1/4

食材の保存・冷凍方法

食材によってそれぞれ保存方法も異なり、常温、冷蔵、冷凍と、様々な方法があります。
食材をおいしく食べきるためのコツを、しっかり覚えておきましょう。

（野菜）

果野菜

ピーマン ❄冷蔵
水けをふいてポリ袋に入れる
水がつくとそこから傷みやすいのでペーパータオルで表面をふき、ポリ袋に入れて冷蔵保存。

ししとう ❄冷蔵
ポリ袋に入れる
乾燥しないよう、ポリ袋に入れて冷蔵保存。低温にも弱いのでなるべく早く使いきる。

オクラ ❄冷蔵
ポリ袋に入れる
乾燥に弱いのでポリ袋やラップなどに包んで冷蔵保存。低温にも弱いのでなるべく早く使いきる。

トマト ❄冷蔵
ポリ袋に入れる
買ったときについているトレイなどにヘタを下にしてのせ、ポリ袋に入れて上にものがのらないよう冷蔵保存。

なす ❄冷蔵
1本ずつラップで包む
水分を逃さないよう1本ずつラップをして冷蔵保存。低温に弱いのでなるべく早く使いきる。

かぼちゃ ❄冷蔵
カットしたものは種とワタを取る
カットしたものは種とワタを取り、ポリ袋に入れて冷蔵保存。丸ごとであれば冷暗所で数日は常温保存も可。

きゅうり ❄冷蔵
水けをふいてポリ袋に入れる
2～3本をラップで包むとむれて傷みやすいので、水けをふき、ポリ袋に入れて冷蔵保存。

葉野菜

キャベツ ❄冷蔵
丸ごとは芯をくり抜きペーパータオルをつめる
芯をくり抜き、ぬらしたペーパータオルをつめてポリ袋に入れ、芯を下にして冷蔵保存。

❄冷蔵
カットしたものはラップで包む
カットしたものはラップで包んで冷蔵保存する。ただし、切り口から傷むので早めに使いきる。

194

Part 6 料理の基礎知識
食材の保存・冷凍方法（野菜）

大根 *冷蔵*
葉を切り落としてラップで包む
葉がついているものは切り落とし、それぞれラップをして冷蔵保存。カットしたものもラップをして冷蔵保存。

ごぼう *冷蔵* *常温*
洗ってあるものはラップで包む
洗ってあるもの、カットしたもの、春から夏に出る新ごぼうはラップをして冷蔵保存。泥つきのものは新聞紙などに包んで冷暗所に保存する。

じゃがいも *常温*
通気性のいい冷暗所におく
泥のついたままカゴに入れ、風通しのよい涼しい場所で保存。りんごを入れておくと発芽を防いでくれる。

にんじん *冷蔵* *常温*
カットしたものはラップで包む
カットしたものは水けをふいてラップをして冷蔵保存する。丸ごとはポリ袋に入れて冷蔵保存。涼しい時期なら常温でも可。

レタス *冷蔵*
丸ごとは芯をくり抜きペーパータオルをつめる
芯をくり抜き、ぬらしたペーパータオルをつめてポリ袋に入れ、芯を下にして冷蔵保存。

根菜

かぶ *冷蔵*
葉を切り落としてラップで包む
根と葉に切り分け、ひげ根を切り落としてそれぞれラップして冷蔵保存。葉は傷みやすいので早めに使いきる、またはゆでてラップをし、冷蔵保存。

玉ねぎ *常温* *冷蔵*
かごに入れて風通しのよい場所におく
通気性のよいかごなどに入れ、風通しのよい冷暗所に保存。冷暗所がなければ新聞紙に包んでポリ袋に入れ、冷蔵保存。

冷蔵
カットしたものはラップで包む
カットしたものはぴっちりとラップをし、切り口を上にして冷蔵保存。なるべく早めに使いきる。

青菜 *冷蔵*
湿らせたペーパータオルで包んでポリ袋に入れる
湿らせたペーパータオルでふんわりと包み、ポリ袋に入れ、なるべく根元を下にし、立てて冷蔵保存。

にら *冷蔵*
ペーパータオルで包んでからラップで包む
ペーパータオルで包んでからラップで包み、なるべく根元を下にし、立てて冷蔵保存。早めに使いきる。

白菜 *冷蔵*
カットしたものはラップで包む
カットしたものはラップで包むかポリ袋に入れて冷蔵保存。切り口から傷むので早めに使いきる。

もやし
冷蔵

ひげ根を取ってポリ袋に入れる
開封後は別のポリ袋に入れ、冷蔵保存する。ひげ根があれば取っておくとそのままさっと使えて便利。早めに使いきる。

花野菜
ブロッコリー
冷蔵

葉を取ってポリ袋に入れる
茎から伸びている余分な葉を取り、ポリ袋に入れ、茎を下に立てて冷蔵保存。なるべく早めに使いきる。

きのこ
えのき
冷蔵

ラップで包む
根元を切り落とさず、そのままラップで包んで冷蔵保存。なるべく早めに使いきる。

しいたけ
冷蔵

ポリ袋に入れる
買ったままの状態だとむれて傷みやすいのでポリ袋に移して冷蔵保存。なるべく早めに使いきる。

茎野菜
アスパラガス
冷蔵

ポリ袋かラップで包む
乾燥しないようポリ袋に入れるかラップに包み、なるべく茎を下に立てて冷蔵保存し、早めに使いきる。

セロリ
冷蔵

茎と葉に分けペーパータオルで包みポリ袋に入れる
茎と葉に切り分け、それぞれポリ袋に入れて冷蔵保存。なるべく早めに使いきる。

ねぎ
冷蔵

ラップで包む
乾燥しないよう、ラップに包んで冷蔵保存。カットしたものも同様にラップして冷蔵保存。

みつば
冷蔵

湿らせたペーパータオルで包んでポリ袋に入れる
湿らせたペーパータオルでふんわり包んでポリ袋に入れ、冷蔵保存。なるべく早めに使いきる。

長いも
冷蔵 / 常温

カットしたものはラップで包む
カットしたものはぴっちりラップして冷蔵保存し、早めに使いきる。丸ごとは新聞紙に包んで冷暗所か冷蔵保存。

れんこん
冷蔵

ラップで包む
切り口が酸化し、変色するので空気にふれないようしっかりラップして冷蔵保存し、早めに使いきる。

さや豆類
絹さや
冷蔵 / 冷凍

ポリ袋に入れる
乾燥に弱いのでポリ袋に入れ、冷蔵保存し、早めに使いきる。さっとかために塩ゆでし、小分けにして冷凍保存しても。

さやいんげん
冷蔵 / 冷凍

ポリ袋に入れる
乾燥に弱いのでポリ袋に入れ、冷蔵保存し、早めに使いきる。さっと塩ゆでし、ヘタを取って冷凍保存をしても。

（卵・豆腐・豆腐加工品）

油揚げ
冷凍

油抜きをしてラップで包む
油抜きをし、水けをしっかりきって1枚ずつラップに包み、冷凍用保存袋に入れて冷凍保存。

豆腐
冷蔵

容器に入れて水をはる
残った場合は容器に入れ、豆腐がかぶる程度に水をはり、ふたをして冷蔵保存。消費期限内に使いきる。

卵
冷蔵

とんがった方を下におく
とんがった方を下にして冷蔵保存。逆側の丸い方には気室と呼ばれる空洞があり、そこを上にするとよい。

（肉類）

鶏むね肉・鶏もも肉
冷凍

1枚ずつラップで包む
水けをふきとり、1枚ずつラップで包み、冷凍用保存袋に重ならないように入れて冷凍保存。

ひき肉
冷凍

❶薄く平らにのばす
豚、牛、鶏、合いびきとも、冷凍用保存袋に入れ、平らに薄くのばし、空気を抜いて口をしっかり閉じる。

❷使いやすい分量に箸で区切る
解凍時に取り出しやすいよう、菜箸などで節目をつけて冷凍する。少量ずつラップで包み、保存袋に入れてもよい。

薄切り肉
冷凍

使いやすい分量に分ける
100gくらいの使いやすい分量に分け、1枚ずつ広げてラップでぴっちりと包み、冷凍用保存袋に入れて冷凍保存。

こま切れ肉
冷凍

使いやすい分量に分ける
使いやすい分量に分けてラップではさみ、平らにのばしてから包む。冷凍用保存袋に入れて冷凍保存。

かたまり・厚切り肉
冷凍

使いやすい厚さに切る
使いやすい厚さに切り、何枚かまとめてラップで包むか1枚ずつ包み、冷凍用保存袋に入れて冷凍保存。

おいしくなるコツ

肉の上手な解凍法　ペーパータオルに包んで冷蔵室に
ペーパータオルに包んでバットなどにのせ、ラップをかけて冷蔵室で解凍する。水けが多い場合はペーパータオルを取り替える。電子レンジの場合は半解凍の状態で止め、自然解凍を。

（魚介類）

えび　冷凍
水けをふき取り冷凍用保存袋に入れる
水けをふきとって冷凍用保存袋に入れ、バットなどにのせて急速冷凍し、冷凍保存。

あさり　冷凍
砂出しをして流水で洗う
海水程度（塩分3％）の塩水で砂抜きし、よく洗って水けをふきとり、冷凍用保存袋に入れて冷凍保存。

切り身魚　冷凍
水けをふいてラップで包む
ペーパータオルで水けをふきとり、1切れずつラップでぴっちりと包む。バットなどにのせて急速冷凍。

冷凍用保存袋に入れる
凍ったら冷凍用保存袋に入れ、空気を抜き、口をしっかり閉じ、バットなどにのせて急速冷凍し、冷凍保存。塩ざけ、生たらなども同様。

ゆでだこ　冷凍
足を1本ずつ切る
使いやすいよう足を1本ずつ切り分け、水けをふきとって冷凍用保存袋に入れ、バットなどにのせて急速冷凍し、冷凍保存。

いか　冷凍
❶ワタを取り、胴と分ける
P.182を参照し、胴と足に分け、水洗いして水けをふき取る。皮をむいて使う場合はここでむいておくこと。ワタ、目、くちばし、吸盤を取り除く。

❷冷凍用保存袋に入れる
冷凍用保存袋に重ならないように入れて密封する。バットなどにのせて急速冷凍し、冷凍保存。

干もの　冷凍
一尾ずつラップで包む
あじ、かますなどの干ものは1尾ずつラップで包み、冷凍用保存袋に入れて冷凍保存。

塩蔵わかめ　冷蔵
ジッパーつき保存袋に入れる
ジッパーつき保存袋に入れ、しっかり口を閉じて冷蔵保存。賞味期限を記入しておくと分かりやすく便利。

刺し身（サク）　冷凍
サクのままラップで包む
空気が入らないよう、ぴっちりとラップに包んでバットなどにのせて急速冷凍し、冷凍用保存袋に入れて冷凍保存。

おいしくなるコツ

魚の上手な解凍法　ペーパータオルに包んで冷蔵室に
ペーパータオルに包み、さらにラップをかけて冷蔵室でゆっくりと解凍する。水けが出た場合はペーパータオルを取り替える。

（穀類・乾物など）

Part 6 料理の基礎知識 ― 食材の保存・冷凍方法（魚介類・穀類・乾物）

乾燥豆
冷凍
冷凍用保存袋に入れる
大豆や小豆などの乾燥豆は冷凍用保存袋に平らに入れて冷凍保存。冷凍室で保存すると虫もつかず、おいしさも長持ちする。

乾物

きくらげ
常温
ジッパーつき保存袋に入れる
ジッパーつき保存袋に入れ、しっかり口を閉じて保存。賞味期限を記入しておくと分かりやすく便利。

ひじき
常温 / 冷凍
ジッパーつき保存袋に入れる
ジッパーつき保存袋に入れ、しっかり口を閉じて乾燥した涼しい場所で保存。調理したものを小分けにし、冷凍してもよい。

干ししいたけ
常温
ジッパーつき保存袋に入れる
ジッパーつき保存袋に入れ、しっかり口を閉じて乾燥した涼しい場所で保存。あれば乾燥剤をいっしょに入れておくとよい。

穀類

米
常温 / 冷蔵
密閉容器に入れる
専用の密閉容器に入れ冷暗所におくか冷蔵保存。なるべく少量ずつ購入するとよい。

ごはん
冷凍
ラップで包んで冷凍用保存袋に
使いやすい分量ずつ、温かいうちにラップに包み、冷凍用保存袋に入れて冷凍保存。

食パン
冷凍
ラップで包んで冷凍用保存袋に
1枚ずつラップでぴっちりと包み、冷凍用保存袋に入れて冷凍保存。トーストするときは凍ったままでOK。

スパゲッティ
常温
専用ストッカーに入れる
湿気に弱いので専用ストッカーに入れ、乾燥した涼しい場所で保存。袋ごとジッパーつき保存袋に入れても。

知っ得！memo
調味料はどうする？

調味料 ― **そのまま冷蔵室に**
冷蔵
封を開けたソースや、しょうゆ、マヨネーズ、トマトケチャップ、粉チーズなどは冷蔵保存。

小麦粉類 ― **密閉容器に入れる**
常温
密閉容器に入れ、乾燥した涼しい場所で保存。食材名を記入しておくと分かりやすく便利。

電子レンジの使い方

電子レンジの基本ルールから、知っておくととっても便利な裏ワザまでを紹介します。
しっかり覚えて上手に使いこなしましょう。

（基本の使い方）

知っ得！memo

電子レンジでのNG

使う器は電子レンジ対応のものを
竹や木製、漆器、ステンレス製、ガラスなどは火が通りにくく割れる恐れがあるので避け、耐熱用、電子レンジ対応のものを使う。

NG食材
● 卵　卵をそのまま加熱すると中の水分が膨張し、破裂する恐れがあるので電子レンジでは加熱しない。

調理上のポイント

膜があるものには切れ目を
膜や皮がある肉や魚、ウインナーなどは水分の逃げ場がなく、破裂する恐れがあるので切れ目を入れる。

ささ身は筋を取る
ささ身の筋がついている場合、そのまま加熱すると破裂する原因に。必ず取り除いてから加熱する。

温め直す

フライはラップなしで（電子レンジで1分）
クッキングシートを敷き、ラップをせずに加熱すると余分な油を吸ってくれる。1分〜1分20秒加熱する。

煮ものは水をふりかける（電子レンジで1分）
汁けの少ない煮ものは耐熱皿にのせ、100gにつき、水小さじ1を目安に全体にふりかけ、ラップをして1分〜1分20秒加熱する。

上手な解凍の仕方

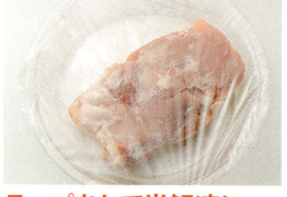

ラップをして半解凍に
解凍ムラができやすい生ものは、三分〜五分解凍で止め、自然解凍させるのがベスト。半解凍機能があれば半解凍で。

ラップのかけかた

ふんわりかける
ぴっちりラップをして加熱すると、蒸気がこもって破裂する恐れがある。ラップをふんわりとかけ、蒸気の逃げ道を作る。

加熱ムラを防ぐ

ターンテーブルの端に
ターンテーブルのある電子レンジでは加熱効率のよい端に置いて加熱する。
※機種により、異なる場合あり。

大きさをそろえる
加熱ムラをなくすため、食材の大きさをそろえ、なるべく重ならないようにして加熱する。

調理memo

ラップをかける？かけない？
ラップをかけると中の食材の水分がとばず、蒸発しない。逆にラップをかけないと水分が蒸発し、乾燥する。水分をとばしたくないときはラップをし、水分をとばしたいときはラップをかけないと覚え、料理によって使い分ける。

Part 6 料理の基礎知識

電子レンジの使い方

（電子レンジを使いこなす）

焼きのりをパリパリに 電子レンジで10秒
ペーパータオルの上に焼きのりをのせ、ラップはかけずに10〜20秒加熱する。

やわらくする

もちをやわらかく 電子レンジで2分30秒
耐熱ボウルに切りもち2切れと水カップ1を入れ、ラップをふんわりとかけて2分30秒加熱し、水けをきる。

脂分、水分をとばす

カリカリベーコン 電子レンジで50秒
ペーパータオルの上にベーコン2枚をのせ、ラップはかけずに50〜60秒加熱して表面の脂をふき取る。

クルトンを作る 電子レンジで2分30秒
8枚切り食パン1枚を8mm角に切り、オーブンシートの上に並べ、ラップはかけずに2分30秒〜2分40秒加熱する。

下ごしらえ

じゃがいもにざっと火を通す 電子レンジで1分30秒
皮つきで使う場合は皮をよく洗い、適当な大きさに切る。耐熱容器に入れてラップをし、1分30秒加熱する。

里いもをやわらかく 電子レンジで1分30秒
皮つきのまま水洗いし、軽く水けをふく。2〜3カ所穴をあけてラップをかけ、1個（70g）につき1分30秒加熱してから皮をむく。

バターを溶かす 電子レンジで30秒
耐熱小ボウルにバター10gを入れ、ラップをふんわりかけて10秒、様子をみながら加熱し、余熱で溶かす。

干ししいたけをもどす 電子レンジで3分
耐熱ボウルに干ししいたけ4枚、水カップ1を入れて全体をぬらす。ラップをふんわりかけて3分加熱し、5分ほどおく。

知っ得！memo

加熱時間チェック早見表

電子レンジのW数によって加熱時間も変わってくるので、右記の表を参照して加減する。食材量が倍になれば加熱時間もほぼ倍になると覚えておくと便利。なお、メーカーや機種によって加熱具合が異なる場合もあるので、様子をみながら加熱時間の加減を。
※P200-201は電子レンジ600Wで設定しています。

500W	600W	700W
35秒	30秒	25秒
1分10秒	1分	50秒
1分50秒	1分30秒	1分15秒
2分20秒	2分	1分40秒
3分30秒	3分	2分30秒
4分40秒	4分	3分20秒
5分50秒	5分	4分10秒
7分	6分	5分
8分10秒	7分	5分50秒
9分20秒	8分	6分40秒
11分40秒	10分	8分20秒

基本の料理用語

この本で使う料理に関する用語をわかりやすく説明します。
ことばが分からないときに読み返せば、おいしく作れて、もっともっと料理上手に。

あ行

あ

●油を回す
炒めた食材全体に油がなじんだ状態になること。炒めた食材全体がつやつやとしてきたら油が回った目安。

●あら熱をとる
食材をあつあつに加熱した状態から、湯気がおさまってさわれるくらいまで冷ますこと。そのまま冷ましたり、ざるに広げて冷ましたりする。

●合わせ調味料
食材を味つけする際に、必要な調味料をあらかじめ混ぜ合わせておいたもの。手早く炒め合わせたいときは一度に加えられ、調理時間が短縮できる。また、ムラなく味つけができるという利点もある。

い

●炒る
油や水分などを加えずに、食材を混ぜながら加熱すること。炒り卵やそぼろなどは、水分をとばしながら、パラパラになるように加熱する。

●炒め煮にする
食材を油で炒めてから、煮汁や調味料を加えて煮るので味がしみ込みやすく、コクが出る。

●アクを取る
食材を煮たりゆでたりする際に、浮いてかたまった泡を取り除くこと。アクをそのままにしておくと煮汁が濁る原因にもなるが、うまみ成分も含まれているので、ある程度取り除けばよい。玉じゃくしについたアクは、水を入れたボウルにつけると取れやすい。

●味を調える
料理の仕上げに調味料を加えて、味を調整すること。レシピ通りの分量でも食材の時期や状態などにより多少の差が出るので最後に味をみて調えると失敗がなく、おいしくできる。

●油を抜く
油揚げや厚揚げ、さつま揚げなど、油で揚げた食材をゆでたり、熱湯をかけたりして表面の油を取ること。油臭さが抜け、味もしみ込みやすくなる。

●あえごろも
あえものを作るときに、食材に合わせる調味料。ごまを使えば「ごまあえ」、豆腐なら「白あえ」、大根おろしなら「おろしあえ」となる。

●あえる
下ごしらえをした食材に調味料を加えて混ぜ、味をからませること。あえるために、事前に混ぜ合わせておいたものが「あえごろも」。また、サラダのドレッシングなどもあえるという。

●アク抜き
野菜に含まれる「えぐみ」や「渋み」を取り除くこと。水や酢水にさらしたり、熱湯でゆでるなどの方法がある。ごぼうやれんこんなどはアクによって変色するので、切ったそばから水にさらす。

Part 6 料理の基礎知識

基本の料理用語

●さらす
野菜のアクや辛味を抜くために、たっぷりの水や酢水に浸すこと。また、レタスなどを水に浸し食感をパリッとさせることも、「さらす」という。

し

●下味をつける
調理をする前に、食材に少量の塩、こしょう、酒やしょうゆなどで薄く味をつけておくこと。肉や魚に下味をつけることで、食材の臭みを取ったり、肉にしっかり味をつける効果もある。

●下ゆで
かたくて火の通りにくい食材を、あらかじめゆでておくこと。アクの強い食材は、下ゆですることでアクが抜け、味もしみ込みやすくなる。

●室温にもどす
厚みのある肉などを冷蔵室から出しておき、室温と同じくらいの温度にすること。冷えたままの肉は、中まで火が通らないこともあるので注意。

き

●きつね色
食材を焼いたり揚げたりして、表面が明るい茶色に色づくこと。パン粉をまぶして揚げるとんかつやコロッケ、玉ねぎを炒めるときにも使う。

こ

●粉ふきいも
ゆでたじゃがいもの湯をきり、鍋をあおりながら水分をとばして粉をふかせたもの。粉ふきにしてからポテトサラダにすれば、水っぽくなりにくい。

●こそげる
ごぼうやしょうがの皮を、包丁やたわしで削り落とすこと。ごぼうの皮には風味があるので、不要なものを削り落として皮を残すために行う。

さ行

さ

●酒蒸し
白身魚や貝類、鶏肉などに酒と塩をふって蒸すこと。あさりなどの貝類は、鍋に酒をふり、ふたをして蒸し焼きにすることで貝の殻を開かせる。

●さっと煮る
1〜2分を目安にほんの少しだけ煮ること。加熱しすぎると食感や色が悪くなる水菜や青菜は、加えたらさっと煮て、すぐに火を止めることが多い。

お

●落としぶた
煮ものを作る際、食材の上に直接のせて煮るふたのこと。少なめの煮汁の場合に煮汁を全体にいき渡らせる効果がある。鍋の直径よりひとまわり小さいものを使う。

か行

か

●香りを出す
しょうがやにんにく、ねぎなどの香味野菜を、焦がさないように油で炒め、香りを油に移すこと。泡が立ち、いい香りがしたらほかの食材を加える。

●飾り包丁
食材の表面に斜めや十文字の切り込みを入れること。見た目を美しくし、味をしみ込みやすくする。裏面に入れるものは「隠し包丁」という。

に

●煮からめる
食材を煮ながら、たれや煮汁を全体にからませること。魚の照り焼きなどを作るときは、たれに火を通しながら、魚に照りが出るようにからめる。

●煮汁を回しかける
煮ものを煮ている際、煮汁に浸かっていない食材全体に煮汁をかけること。煮崩れしやすい煮魚やかぼちゃの煮ものなどで、味をムラなくつけるために行う。

●煮立てる
鍋に煮汁やだし汁を加えて強火〜中火にかけ、汁の表面が泡立つ程度に沸騰させること。煮ものの場合は、煮くずれや焦げつきの原因にもなるので、いったん煮立ったら火加減を弱めて煮立たせる。

た行

た

●たね
ハンバーグを作る際、ひき肉などを練りあわせたものを「肉だね」という。中華料理では、ギョウザやワンタンの具を「たね」と呼ぶ。また、和食ではおでんの食材を「おでんだね」とも呼ぶ。

●血合い
カツオやマグロなどの赤身魚で、赤黒い色をした部分のこと。小骨も多いため捨てられることも多いが、ビタミンや鉄分などの栄養価が豊富。

●つなぎ
食材と食材をつなぎ合わせ、ひとつにまとめやすくする役割の食材を指す。ハンバーグを作る際、ひき肉に加える卵が「つなぎ」にあたる。

●とろみをつける
煮汁やスープなどに水溶き片栗粉を加え、汁に濃度をつけてとろりとさせること。具材に汁がからんで味もしっかりつき、口当たりもよくなる。

な行

な

●鍋肌
中華鍋やフライパンの内側の側面のこと。炒めものをしている際、しょうゆなどの調味料を鍋の縁から加えると、水けがとんで香りもより引き立つ。

●白髪ねぎ
ねぎの白い部分（芯がある場合は取る）を繊維に沿ってごく細いせん切りにし、水にさらして辛みと臭いをおさえたもの。煮ものや汁ものなどの飾りとして使われる。

す

●すが入る（すが立つ）
卵を使った茶碗蒸しや、豆腐を加熱しすぎた際に、料理の表面に細かい穴が開くこと。すが入ると料理がかたくなり、口当たりが悪くなってしまう。

●筋を切る
加熱をする前に、肉の脂身の内側と外側、脂身と赤身の間にある筋を、包丁の先で4〜5カ所切ること。筋を切ることで加熱した際に肉が縮んで反り返るのを防げる。

●砂抜きをする
あさりやはまぐりを海水と同じ濃度の塩水につけ、砂を吐かせること。たっぷりの水加減よりもあさりがつかる（ひたひた）程度にしたほうがあさりが呼吸しやすく、砂抜きが上手にできる。暗い場所、または新聞紙などをかぶせて暗くし、2〜3時間おくとよい。

も

●もどす
干ししいたけやひじきなどの乾物を水につけて、もとのやわらかい状態にすること。食材によってはぬるま湯に浸したり、ゆでたりすることもある。

●もどし汁
干ししいたけなどを水でもどした際に、残った汁けのこと。干ししいたけのうまみ成分が凝縮されており、だし汁や煮汁として料理に使う。

や行

よ

●余熱で火を通す
加熱調理をして火を止めたあと、鍋や食材に残っている熱で中まで火を通すこと。火を通しすぎないためには、八〜九割の仕上がりで火を止める。

●ひと煮立ちさせる
煮汁を沸騰させ、ひと呼吸おくくらいの間煮ること。煮汁に食材や調味料を加えて、温度が下がってしまったときにも使う。

ま行

ま

●まぶす
小麦粉や片栗粉など粉状のものを、食材全体につけること。とんかつ用の肉に小麦粉をまぶす際は、大きめのバットに粉を広げてまぶすとよい。

み

●水けを絞る
ゆでた青菜や水でもどした乾物、塩もみしたキャベツなどの余分な水分を手で絞り取ること。ねじって絞るのではなく、手で強めに握る程度にする。

●煮つめる
煮汁の水分をとばしながら、味を凝縮すること。みりんや砂糖が入っている場合は照りが出て、よりおいしそうに仕上がる。酒などのアルコールを蒸発させて味をまろやかにすることも煮つめるという。

●煮びたし
野菜や魚を薄いだし汁で煮、冷まして味を含ませたもの。小松菜やチンゲン菜、水菜など、アクが少なく、火の通りやすい食材が使われる。

●煮含める
多めの煮汁で煮ながら、食材に味をじっくり含ませること。食材全体が煮汁に浸かっていれば、火を止めた後も、味がさらにしみ込む。

は行

は

●針しょうが
しょうがの皮をむき、針のようにごく細いせん切りにしたもの。水にさらすとシャキッとなって辛みも抜ける。煮ものや汁ものの飾りに使われる。

●ひと煮する
煮汁が沸騰してから1〜2分、食材が温まる程度に煮ること。全体に熱がいき渡るためにひと煮することが多い。

ポテトコロッケ …………………… 90	クリームコーン缶	赤飯 …………………………… 144
大根	コーンスープ ………………… 36	おかゆ ………………………… 145
大根と油揚げのみそ汁 ………… 34	**春雨**	**めん**
ぶり大根 ………………………… 50	春巻き ………………………… 114	マカロニグラタン …………… 104
大根とにんじんの甘酢 ………… 83		焼きそば ……………………… 134
大根のしょうゆ漬け …………… 84	### 卵	スパゲッティミートソース … 146
玉ねぎ	オムライス …………………… 26	カルボナーラ ………………… 148
ハンバーグ ……………………… 8	卵をかけるだけのオムライス … 27	ボンゴレ ……………………… 149
野菜のかき揚げ ………………… 22	豚の角煮 ……………………… 64	スパゲッティナポリタン …… 150
オニオングラタンスープ ……… 37	茶碗蒸し ……………………… 72	ぶっかけそば ………………… 152
チキンカレー …………………… 94	厚焼き卵 ……………………… 74	きつねうどん ………………… 153
サウザンアイランド …………… 99	だし巻き卵 …………………… 75	**パン**
玉ねぎドレッシング …………… 99	オムレツ ……………………… 106	サンドウィッチ ……………… 154
ラタトゥイユ ………………… 101	スクランブルエッグ ………… 108	ガーリックトースト ………… 156
シュウマイ …………………… 118	ゆで卵 ………………………… 109	フレンチトースト …………… 157
トマト	温泉卵 ………………………… 109	
ミネストローネ ………………… 36	目玉焼き ……………………… 110	### 汁もの・鍋
ラタトゥイユ ………………… 101	かき玉汁 ……………………… 121	**汁もの＆スープ**
なす	サンドウィッチ ……………… 154	大根と油揚げのみそ汁 ……… 34
なすの揚げびたし ……………… 81	フレンチトースト …………… 157	あさりのみそ汁 ……………… 34
にんじん	### 豆腐・大豆加工品	豆腐とわかめのみそ汁 ……… 35
野菜のかき揚げ ………………… 22	**豆腐**	豚汁 …………………………… 35
きんぴらごぼう ………………… 40	豆腐とわかめのみそ汁 ……… 35	コーンスープ ………………… 36
大根とにんじんの甘酢 ………… 83	肉豆腐 ………………………… 66	ミネストローネ ……………… 36
にんじんのナムル …………… 130	揚げだし豆腐 ………………… 76	クラムチャウダー …………… 37
白菜	麻婆豆腐 ……………………… 112	オニオングラタンスープ …… 37
白菜と豚肉の中華スープ ……… 38	**油揚げ**	白菜と豚肉の中華スープ …… 38
ピーマン	大根と油揚げのみそ汁 ……… 34	サンラータン ………………… 38
ピーマンのきんぴら …………… 41	ひじきの煮もの ……………… 77	かき玉汁 ……………………… 121
チンジャオロースー …………… 126	小松菜と油揚げの煮びたし … 80	**鍋**
ほうれん草	きつねうどん ………………… 153	すき焼き ……………………… 158
ほうれん草のおひたし ………… 78		水炊き鍋 ……………………… 160
ほうれん草のナムル ………… 130	### ごはん・めん	キムチ鍋 ……………………… 161
もやし	**ごはん**	おでん ………………………… 162
プルコギ ……………………… 129	オムライス …………………… 26	
豆もやし	卵をかけるだけのオムライス … 27	### その他
豆もやしのナムル …………… 130	かつ丼 ………………………… 69	**ドレッシング**
レタス	天丼 …………………………… 71	サウザンアイランド ………… 99
グリーンサラダ ………………… 98	五目炊き込みごはん ………… 132	玉ねぎドレッシング ………… 99
	ちらしずし …………………… 136	和風ドレッシング …………… 99
### 野菜加工品	チャーハン …………………… 138	
キムチ	牛丼 …………………………… 140	
韓国風豚キムチ ……………… 128	親子丼 ………………………… 141	
キムチ鍋 ……………………… 161	三色そぼろ丼 ………………… 142	

素材別料理 さくいん

- ●ページ表記は写真が掲載されているページを基準にしています。
- ●大項目の材料名は50音順です。(ただし、海藻類、乾物のように材料を特定しないものは最後に記載するなど、若干の例外があります)
- ●材料項目内の料理名は掲載順です。

肉

牛肉
- 肉じゃが……10
- 肉豆腐……66
- ビーフステーキ……100
- チンジャオロースー……126
- プルコギ……129
- 牛丼……140
- すき焼き……158

鶏肉
- から揚げ……12
- 手羽先のグリル焼き……33
- サンラータン……38
- 筑前煮……42
- 鶏肉の鍋照り焼き……62
- 茶碗蒸し……72
- チキンカレー……94
- チキンソテー……96
- バンバンジー……120
- 五目炊き込みごはん……132
- 親子丼……141
- 水炊き鍋……160

豚肉
- 豚汁……35
- 豚肉の竜田揚げ……49
- 豚肉のしょうが焼き……60
- 豚の角煮……64
- とんかつ……68
- 春巻き……114
- 野菜炒め……116
- ホイコーロー……122
- 酢豚……124
- 韓国風豚キムチ……128
- 焼きそば……134

合いびき肉
- ハンバーグ……8
- ロールキャベツ……86
- ポテトコロッケ……90
- スパゲッティミートソース……146

鶏ひき肉
- かぼちゃのそぼろ煮……54
- 三色そぼろ丼……142

豚ひき肉
- 焼きぎょうざ……16
- 麻婆豆腐……112
- シュウマイ……118
- 揚げだんごの甘辛煮……127

肉加工品
- ポテトサラダ……20
- チャーハン……138
- カルボナーラ……148
- サンドウィッチ……154

魚介・海藻

あさり
- あさりのみそ汁……34
- クラムチャウダー……37
- あさりの酒蒸し……58
- ボンゴレ……149

あじ
- あじの煮つけ……45
- あじの塩焼き……46

いわし
- いわしの梅煮……44

えび
- えびのチリソース……18
- 天ぷら……70
- えびフライ……92
- マカロニグラタン……104

かれい
- かれいの煮つけ……52

きす
- 天ぷら……70

さけ
- さけのバター焼き……88

さば
- さばのみそ煮……24
- 焼きさばのみそ煮……25
- さばの竜田揚げ……48

さんま
- さんまの塩焼き……47

たい
- 白身魚のカルパッチョ……102

たら
- たらの煮つけ……53

ぶり
- ぶりの照り焼き……14
- ぶり大根……50
- ぶりかぶ……51

まぐろ
- まぐろのカルパッチョ……103

海藻類
- きゅうりとわかめの酢のもの……82
- オクラともずくの酢……83

乾物
- ひじきの煮もの……77

野菜

オクラ
- オクラともずくの酢……83
- ぶっかけそば……152

かぶ
- ぶりかぶ……51
- かぶの浅漬け……84

かぼちゃ
- かぼちゃのそぼろ煮……54
- かぼちゃの煮もの……55

キャベツ
- 焼きぎょうざ……16
- ロールキャベツ……86
- キャベツのマリネ……87
- 野菜炒め……116
- ホイコーロー……122

きゅうり
- きゅうりとわかめの酢のもの……82
- きゅうりの浅漬け……84
- グリーンサラダ……98
- バンバンジー……120
- サンドウィッチ……154

ごぼう
- 野菜のかき揚げ……22
- きんぴらごぼう……40

小松菜
- 小松菜と油揚げの煮びたし……80

さつまいも
- 天ぷら……70

里いも
- 里いもの煮ころがし……56

さやいんげん
- いんげんのごまあえ……79

じゃがいも
- 肉じゃが……10
- ポテトサラダ……20
- 新じゃがの煮ころがし……57

料理●

石原 洋子（いしはら ひろこ）

料理研究家。幼い頃から母親とともに台所に立ち、料理に深い関心を持つようになる。「昼食作りは生徒の手で行う」という食教育の自由学園を卒業後は家庭料理、フランス料理、中国料理など、各分野の第一人者に学び、アシスタントを務めたのちに独立。2007年からテレビの「3分クッキング」の講師を務めるほか、雑誌、書籍でも幅広く活躍中。明るく飾らない人柄と、確かな根拠に基づく指導に定評があり、自宅で主宰する料理教室は約30年以上に渡って生徒が途切れることのない人気。著書に『朝漬けて、夜すぐ食べられる 手間なし漬けおきレシピ』（家の光協会）『男子も満足！ラク旨ガッツリごはん』『ちゃんとおいしい大人のひとりごはん』（ともに日本文芸社）ほか。

staff●

料理製作●石原洋子

撮影●尾田 学
　　　南雲保夫（P.24、25、34（あさりのみそ汁）、57、70）
　　　白根正治（P.47）

スタイリング●青野康子（P.86〜110）
　　　鈴木亜希子（P.8〜19、22、23、26〜30、33〜38、40〜43、45、46、48〜50、52〜54、56、58〜61、132〜162）
　　　黒木優子（P.20、21、47、62〜69、71〜84、112〜130）
　　　中村和子（P.24、25、34（あさりのみそ汁）、37（クラムチャウダー）、51、57、70、84（かぶの浅漬け））
　　　川崎万里（P.44、55）

企画・編集●荒木雅子　望月美佳　小原 玄　佐藤将彦　熊本憲一（以上、マガジントップ）

デザイン●伊原睦子（あおぞら）

料理アシスタント●荻田尚子　小山佐代子　泉名彩乃　福元涼子

栄養価計算●大越郷子　滝口敦子（P.34（あさりのみそ汁）、37（クラムチャウダー）、47、51、57、84（かぶの浅漬け））

編集製作●小笠原徳子

編集協力●docayz